KB220013

성경은

낭독이다

성경은 낭독이다

초판 1쇄 인쇄 2022년 10월 25일
초판 1쇄 발행 2022년 11월 10일

지은이 · 김인철

펴낸이 · 최현선
편 집 · 김하연
마케팅 · 김하늘
디자인 · 디자인 Me
제 작 · 천일문화사

펴낸곳 · 오도스 | 출판등록 · 2019년 7월 5일 (제2019-000015호)
주 소 · 경기도 시흥시 배곧4로 32-28, 206호 (그랜드프라자)
전 화 · 070-7818-4108 | 팩스 · 031-624-3108
이메일 · odospub@daum.net

ISBN 979-11-91552-13-3 (03230)

odos 마음을 살리는 책의 길, 오도스

온몸과 마음으로 하나님의 음성을 듣는다

성경은 낭독이다

김인철 지음

odos

소극적 성경 읽기에서 적극적 성경 읽기로

성경을 처음 읽는 사람은 성경책을 펼치는 순간 당혹감을 감추지 못합니다. 처음부터 끝까지 문장 부호가 전혀 없고 장, 절, 구분만 되어 있기 때문입니다. 대부분 교회가 예배 시간에 사용하는 성경이 그렇게 되어 있습니다. 필요한 문장 부호는 각자가 상상력을 동원해서 삽입해야 합니다. 문장 부호에 익숙한 독자들이 그렇지 않은 성경을 읽기 어려운 것은 당연합니다. 그런데 문장 부호가 없는 성경을 오래 읽어온 사람들은 태연히 잘 읽습니다. 마치 유대인들이 모음 없이 자음만 있어도 어떤 책이든 술술 읽는 것처럼 자연스럽습니다. 물론 성서공회에서 출간한 한글 성경 중에는 문장 부호가 있는 책들도 있습니다.

　문장 부호가 있고 없고에 상관없이, 성경의 문체 때문에 읽어내기가 어렵기도 합니다. 현대인들은 블로그나 SNS에서 접하는 스타일의 글에 익숙합니다. 단순한 정보 전달이나 독자와의 공감에 초점을 맞춘 술술 읽히고 말랑말랑한 글들입니다. 문장을 하나씩 읽지 않고 한 단락씩 훑어도 내용 파악이 됩니다. 하지만 성경의 문장들은 처음부터 사진 찍듯 눈으로만 읽도록 쓰지 않았습니다. 오히려 그 문장들을 소리 내어 읽을 때 비로소 뜻이 드러나게 되어 있습니다. 오랜 세월 성경이 입에서 귀로 전달되는 소리 전달 방식을 거쳐 문자로 정착되었기 때문입니다. 그 구전 내용을 이해하기 쉽고 암기하기 편하도록 반복하는 방식을 사용했습니다. 그런 낯선 방식으로 전달된 성경을 현대인들이 지루하게 느끼는 것은 당연합니다.

　성경에서 사용된 낯선 이미지들이 현대 독자들의 이해를 어렵게 만들기도 합니다. 성경을 기록한 유대 민족은 북서 셈어에 속한 히브리어를 사용했습니다. 같은 어족에 속한 언어들처럼 히브리어도 시각 이미지를 통해 의미를 전달했습니다. 예를 들어 성경에서 유대인들의 신성한 동물이었던 그룹CHERUB(케루브)은 이집트의 스핑크스와 메소포타미아의 쿠리부와 이름만 다를 뿐 실체는 같습니다. 그런데 시각 이미지는 자연환경이나 일상생활, 혹은 상상의 세계를 통해 얻어졌습니다. 그것들을 비유나 상징으로 만들어 의미와 가치를 전달하는 데 사용했습니다. 그러니까 성경을 이해하려면 우선 거기에 사용된 이미지를 그릴 수 있어야 합니다. 맷돌을 예로 들자면 구약 시대의 맷돌과 신약시대의 맷돌은 모양이 다릅니다. 모양이 다른 것을 알면 맷돌의 이미지가 사용된 맥락을 이해할 수 있습니다.

한동안 성경 필사 열풍이 불었습니다. 적극적 성경 읽기의 한 시대가 열린 것입니다. 사람들은 성경을 육필로 쓰면서 마음이 정화되는 기쁨을 누렸습니다. 그렇게 쓰인 필사 성경을 후손에게 가보로 물려주려는 분들도 많아졌습니다. 눈으로 훑어 읽는 것과 비교할 수 없을 만큼 느리고 힘들지만, 써가면서 읽을 때 얻는 수확 또한 훑어 읽는 것과 비교할 수 없을 만큼 풍성합니다. 또박또박 정성을 다해 쓴 필사본을 보면, 진리를 마음에 새기려는 영성이 느껴집니다. 그런데 진리를 마음에 새기고 누군가에게 전달하는 방식으로서의 필사는 여러 가지 한계를 가지고 있습니다. 시간이 많이 들고, 한 번에 한 권밖에 만들지 못하기 때문입니다.

성경을 낭독하고 녹음 파일을 만들면, 필사의 장점을 살리면서 한계를 극복할 수 있습니다. 성경을 소리 내어 읽으면서 마음에 새기고, 하나의 녹음 파일을 복사해서 여러 사람에게 나눠줄 수 있기 때문입니다. 그런 의미에서 성경낭독은 적극적 성경 읽기의 두 번째 스텝이라고 할 수 있습니다. 그뿐 아니라 성경을 낭독하면 훑어 읽기의 한계를 극복하고 정독할 수 있게 됩니다. 눈으로만 읽으면 잡념의 방해를 받을 수 있지만, 낭독하면 집중할 수 있기 때문입니다.

우리는 디지털 혁명이 가져온 편리한 시대에 살고 있습니다. 은행에 가지 않고도 계좌를 개설할 수 있고, 스마트폰 하나로 본인 명의의 모든 계좌를 관리할 수 있습니다. 대부분의 민원 서류는 굳이 행정기관에 가지 않아도 기기가 설치된 곳이라면 어디에서나 받을 수 있습니다. 주민등록증과 운전면허증도 스마트폰에 저장하는 시대가 되었습니다. 전화선을 이용해서 문서를 팩스로 전송하던 때가 엊그제 같은데, 지금은 대용량 자료들을 클라우드 시스템으로 순식간에 보낼 수 있습니다. 출판 분야에서도 전자책이 빠른 속도로 종이책을 대신하고 있습니다. 전자책은 휴대하기 편하고 오디오로 들을 수도 있어 디지털 기기에 익숙한 세대가 선호하는 것이죠. 전통적인 종이 신문은 사라지고 있고 다양한 콘텐츠로 무장한 디지털 신문이 인기를 끌고 있습니다. 1인 가족 시대가 되면서 소파에서만 볼 수 있는 벽걸이 TV가 아니라, 어디서나 시청이 가능한 태블릿 거치대가 필요해졌습니다. 비싼 돈을 주고 구매하지 않아도 원하는 물건을 저렴하게 구독해서 사용할 수도 있게 되었습니다.

이처럼 편리한 시대에 살고 있지만, 내면의 문제나 관계의 갈등 같은 것을 해결하는 데는 여전히 어려움을 겪고 있습니다. 전에 없이 많은 TV 채널들이 상담치유 프로그램을 보여주지만, 문화소비자에게 볼거리를 제공하는 차원을 넘어서지 못합니다. 정작 그 전문가와 연결되어 자신의 사례가 다루어지는 것은 하늘의 별 따기와 같기 때문입니다. 프로그램 시청자들은 다른 사람의 사례를 통해 대리 만족을 얻는 것으로 만족해야 합니다. 서점에는 하루가 멀다고 심리학 관련 책들이 쏟아져 나옵니다. 그러나 그 책들을 읽었다고 해서 당장 삶이 달라지는 것도 아닙니다. 그런 책들은 삶의 일부분을 드러낼 뿐 근본적인 문제를 직면하게 해주지 않기 때문입니다. 심지어 같은 이슈에 대해 정반대의 견해를 제시하는 책들도 있습니다. 따라서 독자들은 책의 정가에 해당하는 지식을 얻는 데 그치고 맙니다. 자신이 누구인지 삶의 본질을 파악하지 못한다면 심리적 기법은 큰 도움이 안 되는 것입니다.

그런데 다원주의 시대에 사는 사람들은 상대적 진리를 추구하는 경향이 있습니다. 특히 전통 가치관에 대해 회의적이기 쉽습니다. 이른바 '그때는 맞고 지금은 틀리다'라든가, '이 상황에서는 맞고 저 상황에서는 틀리다'라는 식입니다. 그런 말은 '절반은 맞고 절반은 틀리다'라고 할 수 있습니다. 왜냐하면 전통적인 가치관이 제시하는 방법론은 상대적이지만, 본질은 절대적이기 때문입니다. 예를 들어 '부모를 공경하라'라는 말은 절대 진리이고, 실천 방법에 있어서 상대적입니다. 이처럼 전통적 가르침을 대할 때 본질과 방법론을 구분할 필요가 있습니다. 민간인의 우주여행이 가능해진 지금도 기원전에 살았던 수학자들이 발견한 과학적 진리들은 유효합니다. 이를테면 아르키메데스의 '부력의 원리'나 피타고라스의 '직각 삼각형의 빗

변 공식' 같은 것입니다. 그런 과학적 불변의 법칙처럼 사람이 살아가는 데도 절대 진리가 존재합니다. 예를 들어 '대접을 받고 싶은 대로 남을 대접하라'라는 말은 예전에 만들어졌지만, 시간을 초월한 절대 진리로서 지금도 유효합니다. 그런 의미에서 적어도 2000년 이상을 내려온 인류의 문화유산이자 경전인 성경은 읽을 가치가 있습니다.

현대인들은 사이버 공간에서의 간접 경험에 익숙할지는 모르겠으나, 현실에서 몸을 사용하는 작업의 가치에 대해서는 잘 모릅니다. 그중의 하나가 '낭독'입니다. 현대인들에게 책 읽기는 소리 내지 않고 눈으로만 읽는 묵독이며, 짧은 시간에 많은 분량을 읽어내는 속독입니다. 책을 읽는 것이 아니라 전체적인 의미를 파악하는 검색에 가깝습니다. 전자책을 읽는 경우 오디오로 들을 수 있어서 군이 소리 내어 읽을 필요도 없습니다. 그러나 눈으로만 읽거나 오디오로 듣는 것은 책을 수동적으로 읽는 것입니다. 눈으로 시각 정보를 받아들이고, 귀로 청각 정보를 받아들이는 작업은 특별한 노력이 필요하지 않기 때문입니다. 그러나 소리 내어 읽으려면 눈과 입과 귀가 호흡을 맞추어야 합니다. 읽지 않고 건너뛰거나 틀리게 읽은 채 넘어갈 수 없습니다. 소리 내어 읽기의 가장 큰 장점은 문장 부호에 따라, 높낮이와 강세의 어조를 사용해서 읽을 수 있다는 점입니다. 소리 내지 않고 읽으면서는 결코 할 수 없는 작업입니다. 그렇게 어조를 따라 읽으면 자연스럽게 저자가 의도하는 대로 리듬을 타게 됩니다. 눈으로만 읽는 것을 스케치라고 한다면, 눈과 귀로 읽는 것은 그림을 그리는 것이고, 눈과 귀와 입으로 읽는 것은 조각 작품을 만드는 것이라고 할 수 있습니다. 책을 소리 내어 읽는 것은 말하기에도 직접적인 영향을 줍니다. 우리는 모두 어릴 적 부모님이나 선생님을 통해 소리 내어 읽는 법을 배웠습니다. 천천히 음가音價대로 발음하면서, 정확하게 말하는 훈련을 해왔습니다. 언제부터인가 소리 내어 읽기를 중단하면서, 정확하게 말하기도 멈춰버렸습니다. 대인관계에서 말하기만큼 중요한 것도 없습니다. 말하는 법을 배우려면 소리 내어 읽기를 다시 해야 합니다.

성경을 낭독하면 '삶의 본질 파악'과 '소리 내어 읽기'라는 두 가지를 얻게 됩니다. 대부분 성경은 입에서 입으로 전수되었기 때문에 낭독할 때 비로소 원래의 뜻이 더욱 선명하게 드러납니다. 많은 사람이 성경 읽기를 통해 절대 진리에 이르려고 하면서 묵독, 다독, 속독, 통독 방식에만 의존하는 것은 안타까운 일입니다. 성경을 낭독한다는 것은 자신의 소리가 입에서 귀로 전달되어 머리로 이해하는 과정이 최적의 속도가 되도록 읽는 것을 의미합니다. 그뿐 아니라 성경을 낭독하면 소리 전달 과정에서 만들어진 운율대로 읽을 수 있습니다. 그리고 이미지를 떠올리며 읽을 수 있어 내용을 입체적으로 기억하게 됩니다. 이처럼 성경낭독이 중요하지만, 방법론을 알려주

는 안내서는 나와 있지 않습니다. 그런 점에서 이 책이 성경낭독을
위한 길라잡이가 되기를 소망합니다.

2022년 가을

김인철

목차

프롤로그
소극적 성경 읽기에서 적극적 성경읽기로 · 4

1장.
성경이란

무엇을 위한 책인가? · 17
어떻게 만들어진 책인가? · 22
누가 성경을 읽는가? · 29
읽어서 무엇을 얻는가? · 39
나를 읽는다는 것 · 45
읽기의 방법들 · 51

2장.
소리 내어 읽기

낭독이란? · 59

책의 역사는 낭독의 역사 · 63

낭독의 유익 · 65

성경 속 낭독 DNA · 71

신앙의 깊이를 만드는 낭독 · 76

3장.
이미지와 운율

그림언어 사용 · 81

상징을 만드는 제목 · 95

비유가 되는 그림 연결 · 102

이미지에 스토리 입혀 우화 만들기 · 108

운율 사용 · 114

4장.
낭독 방법

성경을 어떻게 읽을까요? · 133

낭독을 위한 대본 작성 · 146

소리 연습 : 목소리의 메커니즘 · 159

성경 낭독은 소통이자 예술입니다 · 190

습관보다 좋은 친구는 없습니다 · 197

에필로그
삶과 분리되지 않는 성경 읽기 · 205

1장

성경이란

본질에 관한 질문은 어느 영역에서나 유용합니다. 성경도 마찬가지입니다. '성경이란 무엇인가?'라는 질문은 성경 읽기에 매우 유용합니다. 이를테면 성경 읽기를 시작할 때, 타성에 젖어 시들해질 때, 더 나은 방법이나 태도를 찾고 싶을 때, 이 질문은 신선한 통찰력을 얻게 해줍니다. 그런데 이 질문은 자신이 묻고 대답하는 방식이어야 합니다. 남이 묻고 남이 내려놓은 결론은 도움이 아니라 혼란만 가중시킬 뿐입니다. 만약 성경이 어떤 책인지 스스로 묻고 답을 얻는다면, 왜 그런 식으로 읽어야 하는지 혹은 왜 그런 식으로 읽지 말아야 하는지 알게 됩니다. 성경 읽기가 더 나은 수준에서 진행되려면 자주 이 질문을 던져야 할 것입니다. 놀랍게도 이 질문을 자주 던지면 던질수록 얻어지는 답의 수준도 높아집니다. 어쩌면 성경 읽기가 끝나는 우리 생애의 마지막 순간까지 이 질문은 계속되어야 할지도 모릅니다.

무엇을 위한 책인가?

낮설게 들릴지 모르지만, 성경은 처음부터 명상이나 토론을 위한 책이 아니라 삶을 위한 실용서였습니다. 성경이 쓰이던 시대에 대부분의 이스라엘 백성은 먹고살기에 바빴죠. 문맹률이 높았을 뿐 아니라, 형이상학적인 주제로 한가하게 담론을 나눌 여유가 없었습니다. 그들의 삶은 오랜 세월에 걸쳐 위협받았습니다. 국가가 되기 전에는 노예 집단으로서 여러 세대 동안, 국가가 된 이후에도 지배 계층의 횡포, 잦은 외세의 침입, 전염병과 기근, 국가의 붕괴와 유배까지 겪었습니다. 일반 대중들의 삶은 언제나 팍팍했는데, 심지어 솔로몬 왕이 다스리던 시대도 예외는 아니었습니다. 그들은 대규모 건축 사업에 동원되었고, 각종 명목으로 부과되는 세금에 비명을 질렀습니다. 그 결과 솔로몬의 후계자가 왕위에 오르자마자 왕국이 분열되고 축소되어 버렸습니다. 후계자 르호보암 왕이 세금과 부역을 줄여달라는 백성의 요청을 묵살했기 때문이었습니다. 일반 대중들의 팍팍한 삶은 마지막 성경이 쓰이던 기원후까지 이어졌습니다. 로마 제국 시대에도 많은 사람이 자발적으로 본토를 떠났고, 노예로 팔려나간 사람도 부지기수였거든요. 노예 생활을 끝내고 본토에 돌아온 사람들만의 회당들이 따로 있을 정도였습니다. 당시에는 그런 사람들을 '자유민들'이라고 불렀습니다.[1]

백성들의 고단했던 삶이 배경이었기에 성경은 처음부터 실용서였습니다. 예를 들어 성경은 재판에서 억울하게 진 사람에게 삶의 용기와 희망을 주는 책이었습니다. 하늘의 재판장이 모든 것을 바로잡아 주실 것이라고 거기에 쓰여있기 때문입니다. 전쟁과 기근이 덮쳐 삶이 피폐해졌을 때도 삶의 회복을 꿈꿀 수 있었습니다. 회개하면 하나님이 다시 은총을 베풀겠다고 성경에 약속되어 있기 때문이었습니다. 심지어 그들은 유배 기간에도 희망을 잃지 않았습니다. 메시야가 나타나 그들을 구원할 것이라고 예언자들이 노래했기 때문입니다. 성경에서 미래에 대한 장밋빛 청사진을 자주 발견하는 것은 그만큼 현실이 절망적이었다는 이야기가 됩니다. 물론 국가적 위기 상황이 아닌 때에도 성경은 삶을 위한 실용서였습니다. 이른바 지혜문학으로 분류되는 책들은 이웃과 더불어 평화롭게 사는 법, 느닷없이 개인에게 닥치는 불행에 대처하는 법, 불공평하고 부조리한

---

1 "이른바 자유민들 즉 구레네인, 알렉산드리아인, 길리기아와 아시아에서 온 사람들의 회당에서 어떤 자들이"(행 6:9)

삶 속에서도 하루하루 행복하게 사는 법에 관해 이야기합니다.

성경이 삶을 위한 실용서였다는 것은, "모든 성경은 하나님의 감동으로 된 것으로 교훈과 책망과 바르게 함과 의로 교육하기에 유익하니(딤후 3:16)"라는 구절에 잘 드러나 있습니다. 이 구절에 나오는 네 단어 '교훈', '책망', '바르게 함', '교육'을 살펴보면, 성경이 실용서로서 어떤 기능을 가지고 있는지 알 수 있습니다.

성경의 첫 번째 기능은 '교훈'입니다. 히브리어로 '토라'라고 부르는 첫 단어 '교훈'은 교훈을 의미하는 동시에 〈모세오경〉을 가리키기도 합니다. 이 구절에서 '교훈'은 현자, 부모, 통치자로부터 주어지는 삶의 지침을 가리킵니다. 한마디로 교훈이란 '무엇이 올바른 삶인가?'에 대한 것입니다. 그러니까 성경은 표준적 삶을 배우는 실용서라는 말이 됩니다. 교훈의 핵심을 요약하면, '하나님을 사랑하고, 네 이웃을 사랑하라'라는 것이죠. "네 마음을 다하며 목숨을 다하며 네 힘을 다하며 뜻을 다하여 주 너의 하나님을 사랑하고 또한 네 이웃을 네 자신같이 사랑하라 하였나이다 예수께서 이르시되 네 대답이 옳도다 이를 행하라 그러면 살리라(눅 10:27,28)"라는 구절에는 교훈을 행하는 사람에게 하나님이 생명을 주신다는 약속이 잘 드러나 있습니다.

성경의 두 번째 기능은 '책망'인데, 표준에서 멀어져 있는 삶에 경고음을 울리는 것입니다. 스승이나 부모나 통치자로부터 주어지기도 하지만, 국가적인 탈선의 경우 예언자들이 그 역할을 맡았습니다. 그들은 장차 겪게 될 최악의 상황에 대해 최대한 자극적으로 경고했습니다. 그들의 책망을 모아놓은 책이 구약성경 중 12권이나 됩니다. 책을 쓰지 않은 예언자들의 활동까지 합치면 이스라엘 국가의 초창기부터 패망까지 '책망'이 주어졌다고 볼 수 있습니다. 책망의 목적은 파국을 피하게 하는 데 있지만, 파국을 맞은 이후에라도 돌이킬 수 있게 하는 역할도 합니다.

그것을 말해주는 단어가 바로 성경의 세 번째 기능인 '바르게 함'입니다. 실용서로서의 성경은 정도를 벗어난 독자의 삶을 본래의 위치로 되돌려줍니다. 파국을 맞았던 원인이 교훈을 무시한 데서 왔음을 깨닫고, 스스로 교정하게 도와주는 것입니다. 예를 들어 〈예레미야애가〉와 같은 책은, 삶의 인프라가 무너진 상황에서 위로를 건네는 한편, '바르게 함'의 지혜를 제시합니다. 그러니까 이때 애가는 단순한 조가가 아니라 희망가가 됩니다.

마지막으로 성경의 네 번째 기능으로 나오는 단어는 '교육'입니다. 이 단어는 '교훈'과 다른 의미입니다. '교훈'이 표준을 제시하는 것이라면, '교육'은 파국을 다시 겪지 않도록 막아주는 데 초점이 맞춰져 있습니다. 다시 말해 '교훈', '책망', '바르게 함'을 모두 합쳐 놓은 것이 '교육'이라고 할 수 있습니다. 실패를 반복하지 않도록 표준적인 삶의 습관을 만들고, 늘 근신하여 일탈을 경계하고, 불행했던 과거를 거울로 삼는 것이죠. 그러니까 성경은 한 번도 실패해보지 못한 사람을 위한 책이라기보다, 실패를 딛고 일어서서 불행을 반복하지 않으려 노력하는 사람을 위한 책이라고 말할 수 있습니다. 실패를 통해서 자신과 하나님을 알고, 삶의 소중함을 깨닫고 지키게 해주는 실용서입니다.

'성경은 우리를 위해 기록된 책이다'라는 말은 많은 오해를 불러일으킵니다. 마치 성경이 처음부터 현대 독자들을 위해 기록되었던 것처럼 착각하게 만듭니다. 극단적으로는 현대 독자들의 궁금증을 풀어줄 비밀을 간직한 책이라고까지 생각하는 것입니다. 수많은 이단이 공통으로 사용하는 성경 해석의 방법입니다. 자기들만이 그 비밀의 열쇠를 가지고 있다는 것입니다. 하지만 성경은 우리를 위해서도for us too 기록되었지만, 저자와 동시대를 살았던 원 독자들을 향해서toward original readers 기록되었다는 사실을 알아야 합니다. 성경의 저자들과 원 독자들은 오늘날 성경을 읽는 우리에 대해 거의 아무것도 몰랐습니다. 당연히 우리들의 관심사에 대한 직접적인 해답도 기록할 수 없었습니다. 물론 우리 시대를 포함하는 먼 미래에 대해 그들이 관심을 가지기도 했습니다. 그러나 그 관심은 어디까지나 우리들의 삶이 아니라 자신들의 삶에 대한 해답을 얻기 위한 것이었습니다. 성경이 우리를 위해서 기록되었다는 것은 역사를 관통해서 그들의 시대로부터 우리 시대에까지 이어지는 공통의 가치관을 담고 있다는 이야기입니다.

어떻게 만들어진 책인가?

성경은 한 명의 저자가 단숨에 기록한 책이 아닙니다. 여러 세대에 걸쳐 여러 사람의 손으로 조금씩 기록되었습니다. 성경이 기록된 기간은 짧게 잡아도 1000년 이상이며 알려진 저자들만도 40명 이상이 됩니다. 그들은 대부분 서로 만난 적이 없었고, 기록할 내용을 다른 저자들에게 부탁한 것도 아니었습니다. 구약은 대부분 히브리어로(극히 일부는 아람어), 신약은 코이네 헬라어로 기록되었습니다. 신구약 66권은 장르도 다양하고 문체도 서로 다릅니다.

이런 다양성에도 불구하고 한 권으로 묶여 일관성 있게 하나님 한 분만을 소개하고 있습니다. 이런 일관성 때문에 '성경은 하나님의 말씀이다'라고 말하는 것입니다. 만약 어느 지역에서 1000년 동안 만들어진 문헌들을 한 권의 책으로 엮는다면 성경과 같은 일관성을 갖

추지는 못할 것입니다.

성경이 하나님의 말씀이라는 말은 하나님이 일러주는 대로 받아서 쓰기만 한 책이라는 의미가 아닙니다. 하나님으로부터 말씀을 받았다는 표현은 주로 모세오경과 예언서들에 나옵니다. 그 책들의 많은 부분은 역사 이야기historical narratives이며, 오랫동안 입에서 입으로 전해지던 기록까지를 포함합니다. 구약성경의 경우 처음부터 문자로 기록된 것보다 오히려 구전을 거쳐 완성된 부분이 더 많습니다. 구전 과정을 거치면서 큰 줄거리는 그대로 유지되었지만, 작은 부분들은 새로운 내용으로 채워지거나 바뀌기도 합니다. 구약성경에는 모세오경과 예언서 외에도 이스라엘 왕국과 유다 왕국의 역사 이야기도 있고, 시편이나 잠언 같은 문학 작품들도 있습니다. 모세오경과 예언서가 하나님 편에서 인간을 향해 주어지는 메시지에 초점을 맞추었다면, 역사서와 문학 작품들은 메시지를 받은 인간의 삶에 초점을 맞추었습니다. 특히 문학 작품들은 하나님께 소망을 둔 사람들이 겪는 희로애락의 감정들을 노래합니다.

성경 저자들이 하나님의 메시지를 받는 방식은 꿈, 환상, 표징 등 다양했습니다. 때로 하나님의 음성을 듣기도 했는데, 사람의 귀가 미처 담아내지 못하는 소리 영역이었습니다. 이를테면 엘리야는 하나님의 세미한 소리를 들었습니다(왕상 19:12). 이때 '세미한 소리를 들었다라는 것은 실제 소리voice를 들었는지, 소리처럼 느껴지는 생각 idea이었는지 구분하기 어렵다는 의미입니다. 그런데도 엘리야는 세미한 소리의 내용을 알아듣고 대답했습니다. 그런가 하면 이스라엘 백성들은 시내산 자락에서 하나님의 음성을 매우 큰 나팔 소리로 경험했습니다(출 19:16,19). 그들은 두려워서 더 이상 들을 수 없으니 대신 전달해달라고 모세에게 호소했습니다(출 20:19). 역시 이번에도 하나님의 음성은 인간의 가청 영역을 벗어난 형태로 주어졌음을 알 수 있습니다. 일반 백성과 달리 모세는 하나님의 소리를 알아듣고 백성에게 전달했습니다.

성경의 저자들은 기록하려는 내용을 자신만의 문체로 구성했습니다. 단어의 선택, 단락의 구조와 배치 등 저자의 개성이 온전히 반영되었습니다. 어떤 저자들은 자신의 구술을 서기관에게 받아적게 하기도 했습니다. 물론 성경의 어떤 책도 원본은 남아 있지 않습니다. 원본을 베껴 쓰는 과정에서 사본이 만들어졌고, 때로 필사자의 관점에 따라 부분적으로 다른 사본들이 만들어지기도 했습니다. 예를 들어 그리스도가 탄생하던 날 목자들이 들었던 천사들의 노랫말이 들어있는 누가복음 2장 14절의 사본은 두 종류입니다. 그 본문에서 은총이라는 의미의 '유도키아'는 격에 따라 의미가 달라집니다. 그러니까 주격이 되면 "땅에는 평화, 하나님의 은총이 사람들에게(KJV)"가 되고, 소유격이 되면 "땅에서는 하나님이 기뻐하신 사람들중의 평화(RSV)"가 됩니다. 전자는 하나님의 평화가 모두에게 주어졌다는 뜻이고, 후자는 하나님이 기뻐하신 자들에게만 주어졌다는 뜻입니다. 알파벳 한 글자가 있고 없고에 따라 의미가 사뭇 달라지는 것을 알 수 있습니다. 문제는 이 두 종류의 사본이 동시대의 것으로 보인다는 점입니다.

사본 이야기가 나왔으니까, 대표적인 사본들도 한번 소개해 볼까요? 구약 사본은 대부분 양피지에 쓰였고, 신약은 처음에 파피루스에 기록되었습니다. 구약성경의 대표적인 사본은 이스라엘 사해 북서쪽의 쿰란 일대에서 발견된 사해 사본Dead Sea Scroll입니다. 1947년부터 10년 동안 여러 동굴에서 1,000여 점의 수많은 문헌이 발견되었는데, 이들 중 에스더서만 빼고 구약성경 전권이 발견되었습니다. 사해 사본 연구 책임자 임마누엘 토브 교수는 에스더서도 원래 있었지만, 좀이 먹어 없어졌을 것으로 추정합니다. 사해 사본이 특별한 이유는 그때까지 가장 오래된 사본이었던 기원후 900년경에 만들어진 레닌그라드 사본을 1100년이나 뛰어넘는 것이기 때문입니다. 사해 사본은 기원전 170년경에 만들어진 것으로 추정되는데, 레닌그라드 사본과 99%의 일치율을 보여 학계를 놀라게 했습니다. 오늘날 표준적으로 사용하는 히브리어 구약성경은 1990년에 만들어진 BHS 4Biblia Stuttgartencia 4판입니다.

신약의 사본은 명함 크기의 것부터 시작해서 헬라어 사본은 약 5,600개가 됩니다. 신약 사본은 본문 형태에 따라 알렉산드리아, 서방, 가이사랴, 비잔틴으로 나누어집니다. 이들 헬라어 신약 사본이 서로 약간씩 다른 부분은 20만 군데이며, 대부분 내용상 크게 다르지 않습니다. 저명한 신약 사본 연구가 대니얼 B. 월리스는 그 정도의 차이는 다른 문헌 사본들에 비하면 놀라울 정도의 일치라고 말합니다. 오늘날 표준적으로 사용하는 헬라어 신약성경은 1898년에 엮어진 이후 2012년 28판까지 수정된 네슬레-알란트입니다. 그리고 연합성서공회UBS에서 1993년에 출판한 GNT 4Greek New Testament 4판가 있습니다.

성경이 현대 독자들에게 전달되기까지 여러 언어로 번역되었습니다. 구약성경은 처음에 히브리어로 기록되었는데, 기원전 3세기 오늘날 이집트 알렉산드리아에서 최초로 헬라어로 번역이 되었습니다. 당시 알렉산드리아에는 지중해와 연접한 국가 중 가장 큰 도서관이 있었습니다. 프톨레미우스 왕국의 필라델푸스 II(기원전 285-247) 왕은 알렉산드리아 도서관의 명성에 걸맞은 보물로서 유대인의 경전인 토라(모세오경)를 소장하기를 원했습니다. 알렉산드리아에는 수많은 유대인이 살고 있었는데, 학자 72명으로 하여금 히브리어로 된 토라를 헬라어로 번역하게 했습니다. 그래서 헬라어로 번역된 토라를 70(LXX)인역이라고 부르게 되었고, 나중에는 헬라어로 번역된 구약성경 전체를 가리키는 이름이 되었습니다. 물론 히브리어 구약성경은 기원후 3세기부터 테오도티온, 아퀼라, 심마쿠스와 같은 사람들에 의해 헬라어로 재번역되기도 했습니다. 70인역은 신약성경의 탄생에도 결정적 영향을 주었습니다. 신약성경에서 직접 혹은 간접으로 인용되는 구약성경은 모두 70인역이며, 심지어 구약성경에 나오는 고유명사의 음역transliteration도 70인역을 따랐습니다.

신약성경은 원래 코이네 헬라어로 기록되었습니다. 이것을 4세기 말 히에로니무스(제롬)가 이전에 있던 라틴어 역을 참고하여 새롭게 라틴어로 번역했습니다. 그는 70인역 구약성경도 라틴어로 번역했습니다. 그리고 5세기 초에 히브리어 구약성경을 라틴어로 번역했습니다. 이렇게 완성된 라틴어 신구약성경이 '널리 쓰이는 번역본'이라는 의미의 '불가타Vulgata' 역본입니다. 불가타 역은 이후 개정을 거듭하면서 가톨릭교회의 공식 성경으로 자리 잡게 됩니다. 그러다가 14세기에 이르러 평신도에게 자국어로 성경을 읽게 하려는 종교개혁 운동이 싹트게 됩니다. 대표적인 사람이 요한 위클리프였는데, 그는 라틴어 성경을 영어로 번역했습니다. 얀 후스는 체코어로 보헤미아 대중에게 설교했습니다. 그때까지 가톨릭교회에서 성경은 사제와 지식인들의 전유물이었습니다. 예배는 라틴어로 집전되었고, 라틴어 교육을 받지 못한 대중들은 라틴어 성경을 읽을 수도 없었고, 라틴어 강론도 알아들을 수 없었습니다. 이처럼 가톨릭교회가 라틴어를 고집했던 이유는 교회를 하나의 조직으로 묶기 위해서였습니다. 그런데 마틴 루터가 종교개혁의 기치를 들었던 16세기 전후로 자국어로 된 성경 번역이 대세가 되어버렸습니다. 15세기에 구텐베르크가 금속 활자를 발명한 것도 번역 성경이 대중들에게 보급되는 데 큰 역할을 했습니다. 대량 인쇄가 가능해져서 전 유럽으로 신속히 성경이 보급되었습니다.

누가 성경을 읽는가?

언제부터인가 한국 사회에서 '성경'과 '성서'는 다른 의미로 사용되어 왔습니다. 예전에는 가톨릭교회에서 '성서'라는 명칭을 사용하고, 개신교에서 '성경'이라는 명칭을 사용했습니다. 하지만 2005년 가톨릭교회에서 '성경'을 공식 명칭으로 사용한 이후 그런 차이는 없어졌습니다. 또 하나의 관점은 '성경'이 신자들을 위한 경전이고, '성서'가 일반인들을 위한 고전이라는 것입니다. 사실 두 단어 모두 영어 '더 바이블The Bible'을 번역한 것이죠. 그리고 그것은 헬라어 '그 책들'이라는 의미의 '타 비블리아'에서 왔고, 더 거슬러 올라가면 같은 의미의 히브리어 '하 쎄페르'로부터 온 것입니다. 이렇게 어원이 같지만, 한국 사회에서 유독 다른 의미로 사용하고 있는 점이 안타깝습니다. 신자들은 '성서'라는 단어 사용을 불경(?)스럽게 느끼고, 비기독교인들은 고전이라는 이유로 '성경'이라는 단어를 사용하지 않으려 합니다. 그런데 '성경'이나 '성서' 중 하나만을 고집하는 태도 때문에 오히려 '그 책'을 제대로 읽어내지 못하는 것이 아닐까요? 성경은 경전인 동시에 고전입니다. 하나의 가치만 고집하면 다른 쪽의 가치를 잃어버리기 쉽습니다. 성경을 고전으로 읽어야 경전의 배경이 되는 문화적 자양분을 충분히 받아들일 수 있습니다. 또한 성경이 경전이라는 점을 받아들여야 인류문화가 무엇을 지향점으로 발전해 왔는지 알 수 있습니다. 하나의 성향을 고집하는 것은 결국 균형 잡힌 시각을 갖는 데 방해가 될 뿐입니다.

성경이 경전을 넘어 예술의 모티프가 되어 왔던 사실은, 종교 유무와 상관없이 성경 읽기가 도움이 된다는 것을 보여줍니다. 예를 들어 르네상스 시대를 대표하는 3대 화가를 들 수 있습니다. 시스티나 성당의 「최후의 심판」 벽화와 「천지창조」 천장화를 그렸고, 「다비드상」과 「피에타상」을 조각한 미켈란젤로, 「변화산 위의 그리스도」를 그린 라파엘로, 「최후의 만찬」을 그린 레오나르도 다빈치입니다. 이들의 작품을 감상하기 위해서 약간의 사전 성경 지식이 필요합니다. 그뿐 아니라 17세기 화가 루벤스는 「십자가 위의 그리스도」를, 렘브란트는 「막달라 마리아에게 나타난 그리스도」 「돌아온 탕자」 등 불후의 명작을 그렸습니다. 이들이 상상력을 동원해서 만든 작품의 배경 본문을 읽는다면 감상의 즐거움이 배가될 것입니다. 성경에서 영감을 받은 음악가들도 헤아릴 수 없이 많습니다. 수많은 종교음악을 작곡한 요한 제바스티안 바흐, 「메시아」를 작곡한 헨델, 「천지창조」를 작곡한 하이든, 「엘리야」를 작곡한 멘델스존을 예로 들 수 있습니다. 이처럼 작곡가들이 성경에서 받은 영감을 작품활동으로 연결하는 관습은 지금까지 이어지고 있습니다. 이들의 음악을 감상하기 전에 성경 본문을 읽을 필요가 있습니다. 문학가들도 예외는 아니었습니다. 《신곡》을 쓴 단테, 《죄와 벌》, 《카라마조프가의 형제들》을 쓴 도스토옙스키, 《부활》을 쓴 톨스토이, 《나니아 연대기》를 쓴 C. S. 루이스 등이 예가 됩니다. 그들은 성경을 재진술하기 보다는 창의적으로 재해석했습니다. 성경을 읽으면 이런 작품들을 읽는 데 도움이 됩니다.

예술가들이 성경에서 영감을 받았다고 해서 모두 종교작품을 남긴 것은 아니었습니다. 성경을 소재로 하지 않았지만, 성경적 가치관을 녹여낸 작가들도 있었습니다. 대표적인 예가 한때 성직자였던 빈센트 고흐입니다. 그는 탄광촌에 살면서 기독교적 삶을 실천하기 위해 애썼습니다. 「감자를 먹는 사람들」 「씨뿌리는 사람」은 노동의 고귀함을 표현한 것입니다. 마르크 샤갈은 유대인이었지만 십자가에 달린 그리스도를 자주 그렸습니다. 고난받는 그리스도를 통해 고난받는 유대인의 삶을 묘사했던 겁니다. 세계적인 문호 윌리엄 셰익스피어는 기독교인이었지만, 「베니스의 상인」 등의 작품에서 기독교적 정의와 화해의 의미에 대해 질문을 던집니다. 《노트르담의 꼽

추), 《레미제라블》등 결출한 작품을 남긴 빅토르 위고는 기독교와 전통적 질서를 긍정적인 태도로 바라보게 했습니다. 해리엇 비처 스토가 쓴 장편 소설 《톰 아저씨의 오두막》은 훗날 노예제도의 폐지와 흑인 인권운동이 일어나는 계기가 되었습니다. 에이브러햄 링컨은 그녀를 만난 자리에서 '당신의 글이 남북전쟁을 일으켰다'라고 농담했는데, 그녀의 작품이 발표된 지 꼭 10년째 되던 해에 남북전쟁이 일어났습니다. 그녀는 목사의 딸로 태어나 기독교적 가치관으로 무장한 사람이었습니다. 퓰리처상을 받은 하퍼 리의 소설 《앵무새 죽이기》도 기독교와 사회정의에 대해 세계적인 공감을 불러일으켰습니다. 이 소설의 배경이 된 앨라배마주는 흑백 차별 정책으로 마틴 루터 킹의 인권운동의 출발점이 되었습니다. 성경을 읽는다면 이들 작품을 감상하는 데 큰 도움이 될 것입니다.

성경 읽기가 단순히 예술 작품을 감상하는 데 도움을 주는 것만은 아닙니다. 성경 읽기는 우리가 과거로부터 교훈을 얻어 더 나은 미래로 나아가게 해줍니다. 우리가 인문학 관련 책을 읽는 이유가 거기에 있습니다. 특히 역사책은 지나간 세대로부터 성공과 실패를 배울 수 있어 유익합니다. 성경 읽기도 마찬가지입니다. 성경이 경전이기는 하지만 성경 인물들의 부끄러운 모습까지 있는 그대로 보여줍니다. 예를 들어 롯은 두 딸과 근친관계로 자녀를 낳았고, 다윗은 신하의 아내와 부적절한 관계를 맺은 것도 모자라 그를 계획적으로 살해했습니다. 출애굽의 지도자 모세는 애굽의 하급 관리를 살해하고 시나이 광야로 숨어버린 난민이었습니다. 이스라엘 민족도 오랜 세월 반복적으로 신과의 약속을 어기고 다른 신들을 섬기곤 했습니다. 예언자들이 "너희처럼 자기네 신을 버린 민족이 어디 있나 살펴보라"라고 조롱할 정도였습니다. 결국 그들은 실패로부터 교훈을 얻기까지 왕국의 패망과 유배라는 뼈아픈 경험을 했습니다. 이처럼 성경의 인물들과 이스라엘 민족은 특별하다고 할 만한 것이 없었습니다. 그런데도 그들이 남긴 성경이 3대 주류 종교-유대교, 이슬람교, 기독교의 경전이 되었다는 사실이 시사하는 바가 큽니다. 그것은 성경이 단순히 중동의 끝자락에 있었던 한 약소 민족의 이야기를 넘어, 시간을 초월한 진리timeless truth를 담고 있다는 의미이기 때문입니다.

결국 성경은 약자 혹은 실패한 자를 위한 책입니다. 이스라엘의 신은 자주 자신을 '나그네(이방인)와 고아와 과부의 신'으로 선언합니다. 이 세 부류는 사회적 약자를 대표합니다. 그뿐만 아니라 이스라엘은 지정학적으로 유럽과 아프리카와 아시아의 세 대륙이 만나는 곳에 있어서 늘 외세의 침략에 시달렸습니다. 그들은 한 번도 자신들의 땅을 벗어나 군사 원정을 단행한 적이 없습니다. 성경이 최종적으로 쓰인 다음에도 그 민족은 20세기가 되기까지 세계 여러 나라에 흩어져 살았습니다. 그리고 성경이 쓰이던 시대에 이스라엘의 신만큼 존재감이 약한 신은 없었습니다. 예컨대 바알, 하다드, 마르둑, 아문, 아슈르 신들은 야훼보다 더 유명했고 광범위한 지역에서 숭배되었습니다. 놀라운 것은 성경 시대에 유명했던 신들은 더 이상 숭배되지 않고, 강력했던 국가들도 더 이상 존재하지 않는다는 사실입니다. 그와 대조적으로 존재감이 미미했던 그 신과 그 책은 21세기에도 강력한 영향력을 행사하고 있습니다. 이것이 종교의 유무와 상관없이 누구나 성경을 펼쳐서 읽어야 할 이유 가운데 하나가 됩니다.

무엇보다 성경은 삶의 혁신을 꿈꾸는 자들을 위한 책입니다. 그것은 성경 속에 혁신적 사상이 들어 있기 때문입니다. 현대 이스라엘은 창업 국가start up nation로 유명합니다. 아마도 그들의 창의적인 생각은 혁신적 사상이 들어 있는 성경에서 영향을 받은 것일지도 모릅니다. 역사적으로 이스라엘 민족은 처음에 주신교henotheism로 출발했습니다. 주신교란 한 신이 다른 신들을 주관하는 형태의 종교를 가리킵니다. 이를테면 만신전의 의장 신이 신들의 위계질서와 역할을 조율하는 식인데, 신들이 각자의 영역에서 역할을 맡는 식의 다신교polytheism에서 발전된 형태입니다. 구약성경에서 종종 하나님이 신들의 회의를 주관하는 이야기가 나오는 이유입니다. "하나님은 신들의 모임 가운데에 서시며 하나님은 그들 가운데에서 재판하시느니라"(시 82:1) "내가 보니 여호와께서 그의 보좌에 앉으셨고 하늘의 만군이 좌우편에 서 있는데 여호와께서 말씀하시기를 누가 아합을 꾀어 그를 길르앗 라못에 올라가서 죽게 할꼬 하시니 하나는 이렇게 하겠다 하고 또 하나는 저렇게 하겠다 하였는데"(왕상 22:19-20) "하루는 하나님의 아들들이 와서 여호와 앞에 섰고 사탄도 그들 가운데에 온지라"(욥 1:6) 그런데 어느 날 갑자기 예언자들이 유일신교monotheism를 주창하기 시작합니다. 그리고 마침내 민족 전체가 배타적 유일신교를 신봉하게 됩니다. 이집트를 포함한 지중해 일대와 메소포타미아 지역의 모든 나라가 아직 다신교와 주신교의 틀을 벗어나기 이전이었습니다.

성경에서 발견되는 혁신적인 사상 가운데 하나는 신상 없는 종교, 더 나아가 신전 없는 종교입니다. 신상을 만들지 말라는 명령은 모세가 받은 십계명에 명시되어 있습니다. 이스라엘 외의 어떤 나라도 신상 없는 신을 숭배한 적이 없습니다. 이집트의 국가 신 아문도 보이지 않는 공기의 신이지만, 부조나 조각으로 형상화되었습니다. 유다 왕국의 말기에 예루살렘 성전에 여러 신들의 신상들을 세웠지만, 정작 자신들의 하나님을 위해서는 끝까지 신상을 세우지 않았습니다. 예레미야 같은 예언자는 성전이 파괴될 것을 예언하면서, 지성소에 안치된 언약궤가 더 이상 필요하지 않은 시대가 올 것이라고 했습니다. (렘 33:16) 유대 민족은 바벨론 유배를 경험하면서 성전 없는 유대교의 가능성을 경험했습니다. 그리고 기원후 70년 또 한 번 성전 파괴를 겪으면서 신전 없는 종교의 새 장을 열었습니다. 이후 근동 일대에서 신전 있는 종교는 대부분 자취를 감추었고, 3대 주류 종교와 일부 종교들도 더 이상 신전을 만들지 않았습니다.

성경은 상처 입은 자를 위한 책입니다. 성경이 트라우마를 경험한 개인과 민족에게서 나온 책이기 때문입니다. 그래서 성경은 정신적 외상을 입고 트라우마에 시달리는 사람들의 영혼을 치유합니다. 이 주제에 관해 《거룩한 회복탄력성》이라는 책을 저술한 데이비드 M. 카는 심지어 유일신론조차 유대인들이 경험한 집단 트라우마에 기원을 두고 있다고 주장합니다. 실제로 유대인들은 성경이 기록된 이후에도 20세기에 이르기까지 세계를 유랑하며 박해를 받았습니다. 유대인들의 고난을 표현하는 대표적인 히브리어 단어들은 '아케다'(결박) '갈루트'(유배) '쇼아'(절멸)입니다. 성경에서 모세는 바로 왕의 학정으로 갓난아이였을 때 강물에 던져졌고(갈루트), 요셉은 형들의 미움을 받아 이집트 노예로 팔렸습니다(갈루트). 이삭은 결박되어(아케다) 번제단에 올려졌었고, 예수 그리스도는 십자가에 못 박혀(아케다) 처형되었습니다. 민족적으로 이스라엘은 앗수르 제국의 침공을 받아 유배되었고(갈루트), 유다도 바벨론 제국의 침공을 받아 유배되었습니다(갈루트). 역사적으로 유대인들은 두 번이나 예루살렘 성전이 적들에 의해 파괴되는 것을 목격해야 했습니다. 페르시아 제국 전역에 흩어져 살던 유대인들은 크세르크세스의 잘못된 명령으로 절멸(쇼아) 당할 뻔했습니다. 2차 세계대전 동안 유대인 600만 명이 나치에 의해 절멸(쇼아) 당하는 아픔을 겪었습니다. 이것들은 모두 유대 민족에게 깊은 트라우마를 남겼습니다.

유대인들의 속담에 '자신의 붕대를 풀어 상처 입은 자에게 감아주는 자가 메시아이다'라는 말이 있습니다. 이것을 바꾸어 말하면, '누군가의 트라우마 경험은 다른 사람의 트라우마를 치료하는 특효약이 될 수 있다'가 됩니다. 그런 점에서 성경을 트라우마를 경험한 개인과 집단의 이야기로 읽는 것은 가치 있는 일입니다. 트라우마의 경험이라는 점에서 예수 그리스도의 고난은 단연 압권입니다. 유대인들의 표현을 빌리자면 그리스도는 '아케다'(결박)와 '갈루트'(유배)와 '쇼아'(멸절)을 모두 겪었기 때문입니다. 유대인들은 동족을 이방인에게 넘기는 것을 용서받을 수 없는 배신행위로 간주했는데, 종교 지도자들은 예수 그리스도를 황제의 반역자로 로마 총독에게 넘겨주었습니다. 또한 가룟 유다는 예수 그리스도의 신임을 얻어 재정을 맡았음에도, 노예 한 명 값에 지나지 않는 은 30냥에 스승을 팔아넘겼습니다. 또한 그리스도는 30대의 나이에 독신으로 절멸을 당했습니다. 그가 십자가에서 처형되는 과정은 사법살인의 전형이었습니다. 명절에 중죄인을 밤샘 심문하지 못하게 되어 있는 규정을 유대 최고 사법기관인 산헤드린 공회가 지키지 않았습니다. 로마 총독 빌라도는 유죄 혹은 무죄의 판결을 선고하지도 않은 채 예수에 대한 십자가형을 집행하게 넘겨주었습니다. 배신과 음모와 사법살인 등 개인에게 닥칠 수 있는 모든 불행이 그리스도의 생애 말기에 벌어졌습니다.

종교적인 관점에서도 그리스도의 죽음은 모순 그 자체입니다. 하나님의 기름 부음 받은 자(메시야)가 하나님의 저주를 받아 죽었기 때문입니다. 유대인의 율법에서는 나무에 달려 죽은 자는 하나님께 저주받은 자입니다. (신 21:23) 유대인들이 지금도 예수를 메시아로 인정하지 못하는 이유가 바로 이 모순 때문입니다. "하나님이 기름 부은 자를 어떻게 하나님이 저주하실 수가 있는가?"라는 것입니다. 초기 기독교 지도자들도 이 모순을 누구보다 잘 알았습니다. 하지만 그들은 그리스도가 하나님의 저주를 받았기 때문에 메시아라는 역설을 펼쳤습니다. 그가 죄인들을 위해 대신 저주를 받으셨다는 것입니다. 대표적인 초기 기독교 지도자 바울과 베드로는 이 점을 분명히 했습니다. "그리스도께서 우리를 위하여 저주를 받은 바 되사 율법의 저주에서 우리를 속량하셨으니 기록된 바 나무에 달린 자마다 저주 아래에 있는 자라 하였음이라"(갈 3:13) "친히 나무에 달려 그 몸으로 우리 죄를 담당하셨으니 이는 우리로 죄에 대하여 죽고 의에 대하여 살게 하려 하심이라 그가 채찍에 맞음으로 너희는 나음을 얻었나니"(벧전 2:24) 그리스도의 십자가 사건에서 모순이 아닌 역설을 발견할 때 비로소 개인의 상처가 치유되기 시작합니다.

읽어서 무엇을 얻는가?

성경을 한 번도 읽어 보지 않은 사람은 있지만, 한 번만 읽은 사람은 없을 것입니다. 일단 성경을 한 번이라도 완독하면, 누가 시키지 않아도 다시 성경을 펼쳐 들게 됩니다. 문제는 한 번 끝까지 읽기가 어렵다는 것인데, 읽는 방식을 바꾸면 의외로 쉽게 해결될 수 있습니다. 우유를 마시기 위해 체질을 바꾸지 말고, 우유를 바꾸면 된다는 말과 같습니다. 생각해보면 단순한 원리입니다. 성경을 읽고 싶은 사람은 대개 설교나 강의로 성경에 대해 들어 본 경험이 있을 것입니다. 성경 듣기가 읽기의 동기가 된 것입니다. 그처럼 자신에게 성경을 낭독해 주면 끝까지 읽을 수 있습니다. 성경을 읽으려는 동기가 분명하면 더욱 좋겠지요. 성경낭독의 방법론을 익히는 것은 나중이고요. 성경을 읽으려는 표면적 이유는 사람마다 다를 것입니다. 하지만 성경 읽기를 통해 참된 믿음에 이르고 싶다는 내면의 소원은 같을 거로 생각합니다. 한 걸음 더 들어가 성경 읽기를 통해, 삶의 근본적인 질문에 대해 답을 얻고 싶은 마음이 있을 것입니다. 그 질문을 출발점으로 성경 읽기라는 루트를 통해 해답이라는 목적지에 이르는 여정 말입니다. 딱히 꼬집어 말하지는 못해도, 아마 크게 두 종류의 질문이 있을 것으로 생각합니다. 하나는 신앙의 본질과 관계된 질문입니다. 예를 들어 "하나님은 정말로 계시는가?" "하나님이 계신다면 세상과 어떤 방식으로 관계를 맺는가?" "성경이 하나님의 말씀인 것을 어떻게 알 수 있나?" "예수 그리스도가 하나님의 아들인 것을 어떻게 믿을 수 있나?"라는 질문들입니다. 또 한 종류의 질문은 자기 삶과 관계된 것인데, '나는 누구이며, 어떤 사람이 되어야 하나?" "나는 어떻게 이웃과 더불어 잘 살아갈 수 있나?" "어떻게 사는 것이 가치 있는 삶인가?" "삶이 끝났을 때 나는 누구인가?" "나는 하나님과 어떻게 동행할 수 있는가?" "하나님이 지금 내게 주시는 메시지는 무엇인가?" 등의 질문이 될 겁니다. 이런 질문들의 답을 찾기 위해 70명 가까운 필진이 동원되어 1000년 이상 걸려 만들어지고, 출간된 지 2000년도 넘는 성경을 읽으려는 것이겠지요.

사람들은 종종 성경 시대 인물들의 삶에서 답을 발견하곤 합니다. 대표적인 예가 욥과 솔로몬입니다. 욥은 의롭게 살았지만 삶을 송두리째 잃어버리는 불행을 겪습니다. 그 재앙은 사탄에게서 왔으며 하나님의 허락 아래 일어났습니다. 욥은 고통 속에 부르짖지만, 하나님으로부터 속 시원한 대답을 듣지 못합니다. 그의 친구들은 욥의 불행이 죄에 대한 징벌이라며 회개를 강요합니다. 마지막에 그는 건강을 회복하고 자녀들을 다시 낳게 됩니다. 하지만 졸지에 죽었던 10명의 자녀는 돌아오지 못합니다. 욥이 그 트라우마를 어떻게 극복하며 살았는지, 혹은 극복하지 못했는지 성경은 침묵합니다. 까닭 없이 찾아온 재난의 의미를 찾는 것은 오롯이 성경 독자의 몫입니다. 전도서에서 솔로몬은 삶의 의미와 가치에 대해 심오한 질문을 던집니다. 그는 삶이 부조리와 모순으로 가득 찼다고 말합니다. 쾌락을 맘껏 누리기에 인생은 너무 짧으며, 애써 모은 재물은 사후에 남의 소유가 된다고 합니다. 지식이 많으면 근심도 많고, 성취한 것이 많아도 후대에 잊혀질 뿐이라고 합니다. 배불리 먹고 잠들지 못하는 부자보다, 소박한 저녁을 먹고 달게 자는 노동자가 행복하다고도 합니다. 삶이 너무 허무하기에 차라리 태어나지 않은 사람이 더 나을 수도 있다고 탄식합니다. 내일 일을 알 수 없고, 죽음 이후에는 다시 즐길 수도 없으니 '오늘을 즐겨라'(카르페 디엠)라고 충고합니다. 또한 죽음이 찾아오기 전에 창조주 하나님을 기억하는 것이 좋겠다고 결론을 맺습니다. 근동에서 가장 지혜로웠고, 가장 부유했고, 가장 많은 여인을 거느렸던 왕의 마음은 그처럼 고뇌에 시달렸습니다. 물론 성경에는 더 많은 사람의 생애가 기록되어 있습니다. 그들의 이야기는 어느 날 홀연히 삶의 해답이 되어 성경 독자의 눈 앞에 펼쳐집니다.

삶의 질문에 대한 답으로서 인물들의 삶을 보여주는 이야기 장치는 우연입니다. 성경의 수많은 사건은 계획에 의한 결과보다 우연적인 것이 훨씬 더 많습니다. 믿음의 조상 아브라함은 고향을 떠나 가나안 땅으로 갈 때, 갈 바를 알지 못했다고 했습니다. (히 11:8) 그가 미지의 세계에서 겪은 사건들은 모두 우연에 의한 것이었습니다. 야곱의 경우도 가나안을 떠나 20년의 세월을 아람에서 보내고, 다시 애굽에서 임종을 맞게 되기까지 겪은 대부분의 삶은 우연으로 채워졌습니다. 사랑받는 아들에서 히브리 노예로 전락했다가, 다시 애굽의 국무총리로 신분이 수직으로 상승했던 요셉도 마찬가지입니다. 요셉은 자기에게 우연히 일어나는 사건들에 최선을 다해 반응했을 뿐이었습니다. 바구니에 담겨 강물에 떠내려가다가, 바로의 공주의 아들이 되었다가, 살인자가 되어 미디안 광야에서 도망자가 되었다가, 호렙산 불타는 떨기나무 앞에서 하나님을 만났던 모세도 마찬가지입니다. 그가 애굽에서 이스라엘 백성을 끌어냈던 40년의 기간도 우연의 연속이었습니다. 사사 기드온, 다윗, 예레미야, 에스겔, 베드로, 사도 바울 등 잘 알려진 인물들의 삶도 마찬가지였습니다. 우연이라는 장치를 빼면 이런 인물들의 이야기는 전개가 불가능합니다. 그런데 그 우연이 바로 성경 저자들이 하나님의 섭리를 소개하는 방식입니다. 우연처럼 보이지만 하나님이 개입하신 필연이라는 것입니다. 그 우연처럼 보이는 필연은 정한 때가 되기 전에는 감춰져 있습니다. 그것이 종종 성경에서 '홀연히' '그 때에'라는 식으로 사건을 소개하는 이유입니다. 종종 중요한 사건이 갑자기 나타난 천사들 이야기로 시작하는 것과 같은 이유입니다. 따지고 보면 우리 삶에서도 계획에 의한 것보다 우연적인 사건이 더 강력한 충격으로 다가올 때가 많습니다. 물론 우연적인 사건이 좋은 결과로만 이어지지는 않습니다. 우연히 시작된 사건이 오랫동안 고통을 줄 때도 있습니다. 그러나 그 고통을 대하는 우리의 태도가 기대하지 않았던 행복의 우연으로 이어지는 씨앗이 될 수 있습니다.

성경 읽기를 이야기할 때 빼놓을 수 없는 것이 유대인들입니다. 책의 민족이라는 별명에 걸맞게, 그들은 성경을 기록하고 보존하고 물려주었습니다. 비록 대부분 유대인들이 신약성경을 인정하지 않지만, 신약성경을 기록하고 보존하고 확산시킨 사람들도 대부분 유대인이었습니다. 유대인들의 성경 읽기를 네 글자 약어로 표현하면, 히브리어로 낙원이라는 뜻의 '파르데스'(PRDS)가 됩니다. 문자적 읽기(페샤트), 은유적 읽기(레메즈), 실천적 읽기(다라쉬), 신비적 읽기(쏘드)의 첫 글자를 조합해서 만든 단어이죠. 성경을 읽는데 네 층위가 있다는 이야기입니다. 그래서 이런 층위 방식의 읽기를 통해 낙원에 이른다고 가르칩니다. 그 낙원은 하나님과의 진정한 교제가 이루어지는 상태를 의미합니다. 성경에는 잃어버린 낙원에 이르는 길이 있는데, 파르데스 방식의 읽기가 그 길이라는 이야기입니다. 카발라 유대교에서 세 개의 기둥과 열 개의 세피로트 단계를 통해 신에게 이를 수 있다고 가르치는 것과 비슷합니다.[2] 일부 유대교 현자들은 호두의 껍데기와 알맹이의 비유로 성경 읽기의 층위 개념을 설명합니다. 파르데스 성경 읽기를 호두 먹기에 비유하자면, 과육을 벗겨내고 껍데기를 깨고 알맹이를 만나는 것과 같다는 것입니다. 위의 설명 중에서 랍비 유대교의 성경 읽기를 가장 잘 보여주는 것이 '파르데스'이죠. 어쨌거나 유대인들이 성경을 읽는 이유는 결국 "하나님과 교제하고 동행하기 위해서"라고 하겠습니다. 그리고 하나님과 동행하는 방법은 말씀을 실천하며 사는 것입니다. 성경보다 몇십 배 많은 분량의 탈무드가 만들어진 배경이기도 하고요. 그들은 성경의 가르침을 현실에서 어떻게 살아낼 수 있는가에 대한 답을 찾으려 했습니다. 이를테면 유대인들은 죽어 아브라함의 품으로 가기 전에, 모세의 질문에 답해야 한다고 생각합니다. "너는 살았을 때 정직하게 사업했느냐?"

---

2 세 개의 기둥에서 중앙은 신의 균형 잡힌 의지, 좌우는 각각 심판과 자비를 의미합니다. 열 개의 세피로트는 아래에서부터 중앙의 말쿠트(왕국)-위쪽 중앙의 예쏘드(근본)-좌우의 호드(광채)와 네짜(인내)-위쪽 중앙의 티페레트(아름다움)-좌우의 게부라(권능)과 은총(헤쎄드)-위쪽 중앙의 다아트(지식)-좌우의 비나(이해)와 호크마(지혜)-정상의 케테르(왕관)까지의 층위로 구성됩니다.

나를 읽는다는 것

어떤 유대인 청년이 랍비를 찾아가 탈무드를 배우고 싶다고 말했습니다. 랍비는 그 청년에게 탈무드를 몇 번이나 읽었는지 물었습니다. 청년은 자신 있게 열 번 읽었다고 대답했습니다. 방대한 탈무드를 열 번 읽은 청년은 대단한 학구열을 가졌음이 틀림없었습니다. 랍비가 또 물었습니다. "탈무드가 자네를 읽은 것은 몇 번이나 되는가?" 청년은 그만 말문이 막히고 말았습니다. 어쩌면 성경을 읽으려는 사람들도 한 번쯤 생각해보아야 할 이야기가 아닌가 싶습니다. 내가 성경을 구구절절 알기를 원한다면, 성경도 내 모습을 적나라하게 살펴보아야 한다는 이야기이니까요. 그런 데도 많은 사람이 성경에서 자신과 상관없는 지식을 얻기를 원합니다. 실제로 이런저런 도구를 사용하면 그런 지식을 얻을 수도 있습니다. 하지만 그렇게 삶과 별개의 지식을 어디에 사용할 수 있을까요?

성경은 마치 유리창과 같습니다. 한편으로 창문 안쪽을 보여주면서, 다른 한 편으로는 창문을 들여다보는 사람의 모습까지 비추어 줍니다. 마치 사람들이 쇼윈도를 쳐다보며 두 가지 이미지를 동시에 얻게 되는 것과 같습니다. 이때 창문 안쪽으로 보이는 이미지는 성경의 세계이고, 창문에 비친 이미지는 성경 독자의 모습입니다. 그러니까 성경 속의 세계와 성경 독자의 모습이 성경이라는 창에서 겹치는 것이지요. 그것이 성경 읽기의 효과입니다. 창문을 통해 무엇을 보든지 자기 모습도 함께 보게 됩니다. 물론 시선의 방향과 유리의 깨끗한 정도에 따라 이미지의 선명도가 달라질 수는 있습니다. 그러니까 성경 읽기를 통해 성경 속 세계만을 보는 것은 애초에 불가능합니다. 성경의 세계를 보는 순간 자기 모습이 보이기 때문입니다. 성경의 세계만 보고 싶은 독자에게 스스로의 모습까지 보이는 것은 아이러니이자 은총입니다. 하지만 그것이 오늘날까지 성경이 존재하는 이유입니다. 놀랍게도 성경이라는 창을 통해 독자는 자신의 미래 모습도 볼 수 있습니다. 왜냐하면 성경이 미래의 일까지 이야기하고 있기 때문입니다.

성경의 창을 통해 성경 속 세계와 자기 모습을 동시에 보는 것은 대화의 출발점이기도 합니다. 그래서 성경을 읽는 사람은 성경 속 세계를 향해 말을 걸 수 있습니다. 성경의 창이 내게 말을 걸어올 수도 있습니다. 이때 성경 독자는 질문하는 사람인 동시에 대답하는 사람입니다. 성경과 독자의 대화에 끼어드는 방해꾼은 아무도 없습니다. 물론 대화를 이어 나가기 위해서는 용기가 필요합니다. 감히 물을 수 있어야 하고, 가슴을 열고 대답할 수 있어야 합니다. 하지만 대부분 사람들은 직접적인 대화를 꺼립니다. 오히려 제삼자를 통해 대화하기를 원합니다. 성경의 창으로 무엇이 보이는지, 그 창에 비친 자기 모습이 어떤지 묻습니다. 자기 모습을 비춰주며 말 걸어오는 성경의 창을 애써 외면합니다. 그 결과 성경의 창 안과 밖의 세계는 대화가 단절된 채 따로 존재합니다. 성경의 창을 통해 자신과 성경의 세계를 본다는 이야기의 핵심은 대화입니다. 성경 읽는 사람이 주도적으로 질문을 던져야 하고, 성경이 말을 걸어올 때 솔직한 고백이 있어야 한다는 점입니다.

수도사 마르틴 루터는 1513년부터 2년간 비텐베르크에 있는 아우구스티누스 은둔 수도원에서 시편을 강의했습니다. 그는 수도원에 있는 탑의 골방에서 시편 연구에 몰두하다가 의문에 휩싸였습니다. 시편 22편에서 죄 없으신 그리스도가 고난받을 것이 예고된 것, 시편 31편에서 하나님의 의로 구원받는다는 것을 도무지 이해할 수 없었습니다. 그러다가 로마서를 읽으면서 '하나님의 의'가 죄인을 향한 심판이 아니라, 그리스도의 고난을 통해 죄인을 의롭게 하시는 의라는 것을 깨닫게 되었습니다. 이전까지 루터가 이해한 하나님의 의는 죄인을 향해 불타오르는 진노였으며, 자신도 그 진노의 대상이라는 것이었습니다. 믿음으로 얻게 되는 하나님의 의에 대해 깨달음에 이른 루터는 마침내 1517년 10월 31일 비텐베르크 성문에 면죄부 판매에 대한 질의를 포함한 95개조 반박문을 내걸었습니다. 단순히 가톨릭 교의에 대해 문제를 제기하려고 했던 것이 종교개혁의 횃불이 될 줄은 본인도 몰랐습니다. 루터의 깨달음은 오랜 세월 불필요한 죄책감에 시달려온 자기 경험에서 비롯된 것이었습니다. 그는 죄책감을 떨치기 위해 그리스도가 재판받던 빌라도의 법정 계단을 가져다 지었다는 로마의 계단 성당을 무릎으로 기어올라가는 고행도 마다하지 않았습니다. 만약 고행이 그의 죄책감을 덜어주었다면 그토록 죄와 의의 주제로 씨름하지 않았을 겁니다. 하지만 자신의 고민을 가지고 성경과 정직하게 대화할 수 있었기 때문에, 마침내 깨달음에 이를 수 있었던 것입니다.

위의 마르틴 루터 이야기는 성경 읽기에 대해 시사하는 바가 큽니다. 제삼자 의존하기를 버리고 직접 성경을 읽을 때, 영혼을 관통하는 하나님의 말씀과 마주할 수 있음을 보여주기 때문입니다. 누군가의 도움 없이 성경을 읽는 것은, 해설자에게 맡겨 두었던 성경을 되찾아 오는 일입니다. 성경은 원래 누구나 해설 없이 읽을 수 있던 책이었습니다. 그런데 중세 교회가 라틴어 성경을 고집하면서, 라틴어를 배우지 못한 일반 대중들은 성경 읽을 기회를 얻지 못했습니다. 더구나 성경 해석의 최종 권위가 교황에게 있었기 때문에, 사제들이라 하더라도 교황청과 다른 견해를 피력할 수 없었습니다. 종교개혁의 핵심이 성경을 자국어로 번역하는 작업이었던 것도 그런 이유입니다. 아이러니하게도 종교개혁의 계승자를 자처하는 개신교 목사들이 다시 성경 해석의 권위를 가져갔습니다. 평신도에게 성경 읽을 권리를 주되, 해설할 권리는 목사들이 가져가는 식입니다. 성경에 대한 개신교의 교의 중 '성경의 명료성'이라는 말이 있습니다. 성경은 그 자체로서 명료하여서 해설자의 개입이 필요 없다는 이야기입니다. 덧붙이자면, 성령이 성경 읽는 사람에게 직접 빛을 비추어 깨닫게 하십니다. 아우구스티누스가 성경을 읽을 때, 마틴 루터가 성경을 읽을 때 일어났던 일입니다. 더욱 중요한 것은 성경을 소리 내어 읽을 때, 주도적 읽기가 가능하다는 사실입니다. 눈으로만 읽은 것은 여전히 수동적인 방법이며, 낭독할 때만 능동적으로 읽을 수 있습니다. 성경 속 위대한 인물들은 성경을 주도적으로 읽으며 하나님과 연결되었던 것을 알 수 있습니다. 그들은 자신의 목소리로 성경을 읊조리며 하나님과 일대일의 관계를 맺었습니다.

"내가 날이 밝기 전에 부르짖으며 주의 말씀을 바랐사오며, 주의 말씀을 조용히 읊조리려고 내가 새벽녘에 눈을 떴나이다"

(시 119:147-148)

"만군의 하나님 여호와시여 나는 주의 이름으로 일컬음을 받는 자라 내가 주의 말씀을 얻어먹었사오니 주의 말씀은 내게 기쁨

과 내 마음의 즐거움이오나"(렘 15:16)

"내가 천사의 손에서 작은 두루마리를 갖다 먹어버리니 내 입에는 꿀 같이 다나 먹은 후에 내 배에서는 쓰게 되더라"(계 10:10)

"간절한 마음으로 말씀을 받고 이것이 그러한가 하여 날마다 성경을 상고하므로"(행 17:11)

"네가 올 때에 내가 드로아 가보의 집에 둔 겉옷을 가지고 오고 또 책은 특별히 가죽 종이에 쓴 것을 가져오라"(딤후 4:13)

읽기의 방법들

　성경 읽기의 일반적인 방식은 통독通讀입니다. 통독이란 처음부터 끝까지 가볍게 훑어 읽는 방식을 가리킵니다. 성경 통독은 66권을 한 권씩 순서대로 훑어 읽는 방식으로 진행됩니다. 구약성경 창세기부터 시작하든가, 신약성경 마태복음부터 읽어 나가는 식입니다. 성경 통독이 주는 장점은 전체적인 맥락과 주제를 파악할 수 있다는 데 있습니다. 사람 이름이나 지명이나 개념 등이 낯설어도 큰 그림을 얻는 데는 어려움이 없습니다. 성경을 한 번 가볍게 끝까지 읽고 싶은 사람에게 어울리는 방식입니다. 읽으려는 성경을 한 자리에서 단숨에 통독한다면 더 좋겠지요. 실제로 스무 장 내외의 책들은 두 시간 정도면 너끈히 읽어낼 수 있습니다. 여러 번 읽다 보면 전체가 잘 조율된 피아노와 같다는 사실을 알게 됩니다. 그래서 통독에 매력을 느끼신 분들은 한 권을 수십 번 읽기도 합니다. 그것도 좋은 일입니다. 좋은 책 백 권을 읽기보다 좋은 책 한 권을 백 번 읽는 것이 나을 수 있으니까요. 같은 이유로 신구약 66권을 읽는 것보다, 한 권을 66번 읽는 것이 더 나을 수도 있습니다. 한 권을 여러 번 통독하시는 분들은 전체 구조를 완전히 파악합니다. 하지만 여러 번 읽더라도 통독은 정독 방식이 아니기 때문에, 성경을 진지하게 읽으려는 사람들의 기대감을 채우기에는 한계가 있습니다. 더구나 성경의 다른 책들은 여전히 미지의 세계로 남아 있게 됩니다.

성경을 여러 번 통독하는 방식은 얼핏 '독서백편의자현'讀書百遍義自見이라는 말과 어울리는 것처럼 보입니다. 책을 백 번 읽으면 뜻이 저절로 모습을 드러낸다는 격언인데, 중국 후한 말 동우라는 학자가 이야기했죠. 중요한 것은 동우가 소개한 '백 번 읽기'의 방식입니다. 그것은 속으로 읽기가 아닌 소리 내어 읽기, 빨리 읽기가 아닌 천천히 읽기, 많이 읽기가 아닌 깊이 읽기 방식입니다. 통독 방식의 속으로 읽기, 빨리 읽기, 많이 읽기는 대량 생산에 초점을 맞춘 산업사회의 독서 방식입니다. 최소한의 투자로 최대의 효과를 누리는 것이 미덕인 사회에서, 단위 시간에 최대한 많이 읽으려면 속으로 빨리 많이 읽을 수밖에 없습니다. 사실 동우가 제시한 '백 번 읽기'는 '백 번'이 아니라, '뜻이 드러날 때까지'에 초점이 맞춰져 있습니다. 뜻이 드러난 다음에 백 번을 채우는 것은 의미가 없으니까요. 그러니까 최대 백 번 읽기 전에는 어렵다고 포기하지 말라는 뜻입니다. 뜻이 저절로 드러나도록 읽으려면 천천히 소리 내어 음미하는 수밖에 없습니다. 그런 데도 많은 성경 독자들은 분량과 횟수에서 성취감을 맛보려고 빨리 훑어 읽습니다.

성경을 훑어 읽는 방식으로는 제대로 된 깨달음에 이르지 못할 뿐 아니라, 끝까지 읽어 나가기도 힘듭니다. 성경에 답을 빨리 달라고 강요할 것이 아니라 보일 때까지 볼 필요가 있습니다. 성경은 자판기가 아니니까요. 유대인 현자들은 성경 읽기를 무화과에 비유하기를 좋아했습니다. "무화과가 달콤한 것처럼 성경은 달다" "무화과를 껍질과 씨앗까지 다 먹는 것처럼 성경도 버릴 것이 없다" "무화과가 한 번에 다 수확할 수 없는 것처럼 성경 말씀도 한 번 읽어서 다 깨달을 수 없다" 무화과는 수확 기간이 무려 넉 달이나 되어 여러 번 수확이 가능합니다. 긴 수확 기간에 대한 비유의 이면에는 기다림의 지혜가 들어 있습니다. 이제 현자들의 해석에 하나를 덧붙이고 싶습니다. "무화과는 두고두고 먹는다" 무화과는 반건조 상태로 말려 저장 식품으로 사용합니다. 성경에서는 그것을 '무화과 뭉치' '무화과 과자'로 부릅니다. 깨달은 말씀으로서의 성경도 오랫동안 영혼의 양식으로 사용할 수 있습니다. 사실 '성경'이라는 말은 제본된 책이 아니라 마음속에 새겨진 교훈을 의미합니다. 그런데 어떻게 하면 무화과를 수확하듯 성경 읽기를 통해 깨달음을 얻을 수 있을까요?

결국 성경의 뜻을 깨달으면서 읽는 방식은 통독이 아니라 정독입니다. 그것도 빨리 읽기가 아니라 천천히 읽기이며, 소리 없이 읽기가 아니라 낭독입니다. 성경낭독을 시작하는 사람들은, 생전 처음 보는 것 같은 단어가 있다는 이야기를 곧잘 합니다. 이전에도 같은 단어를 눈으로 보기는 했는데, 뇌에 전달되도록 읽지는 않았었다는 이야기입니다. 낭독 방식으로 읽어야 할 필요를 보여주는 예라고 할 수 있습니다. 그렇다면 성경을 읽을 때 통독과 낭독은 어떤 차이가 있을까요? 가장 큰 차이는 이미지와 운율을 읽어내는 것과 그렇지 않은 것의 차이라고 할 수 있습니다. 성경 저자들은 이미지와 운율을 사용했습니다. 대부분 성경은 처음에 구음으로 전달되었기 때문에, 청중들이 듣고 전달하기 편하도록 이미지를 떠올리거나 운율을 밟게 되어 있습니다. 구약성경의 3분의 1은 운문이며, 히브리어는 회화적 언어입니다. 그런데 소리 없이 속독하면 운율을 밟을 수 없을 뿐 아니라, 이미지를 떠올릴 시간조차 없습니다. 1초에 30만km를 달리는 빛의 속도는 고작 340m밖에 가지 못하는 소리보다 빠르니까요. 눈으로 들어오는looking 하나의 시각 정보가 뇌에서 미처 처리되기도 전에, 수십 개의 다른 시각 정보가 쇄도하기 때문에 읽어서reading 이해할 시간적 여유가 없는 것입니다.

이 장의 처음에 읽기 방식을 바꾸면 성경 완독이 가능하다고 말씀드렸습니다. 통독이 아니라 정독, 묵독이 아니라 낭독 방식으로 바꾸는 겁니다. 분량이 아니라 깊이, 속도가 아니라 이미지와 소리에 초점을 맞추는 것입니다. 전자는 한 권 단위에 연연하지 말고 단락 단위로 정독하자는 말이고요. 후자는 빨리 이해하려 하지 말고, 충분히 시간을 가지고 관련 이미지를 떠올리며 공감으로 낭독하라는 의미입니다. 그렇게 하면 잡념이 개입할 여지가 줄어들어 집중력이 높아집니다. 결국 완독 여부는 집중력에 달려 있으니까요. 게다가 이미지를 떠올리면 입체적으로 이해할 수 있고, 운율을 따라 읽기 때문에 피로하지도 않습니다. 한 마디로 이미지 읽기와 운율 읽기는 성경을 원래의 모습으로 되돌려 읽는 방식입니다. 원래 회화적 언어를 사용해서 운율을 타고 전달된 메시지였으니까요. 이 단순한 원리가 지금까지 제대로 알려지지 않았다는 사실이 안타깝습니다.

2장

소리 내어 읽기

이 세상에는 성경낭독 경험자와 무경험자, 두 종류의 사람밖에 없다고 하면 지나친 말일까요? 성경낭독의 진가를 경험해보라는 것 말고 달리 표현할 말이 없어서 그렇습니다. 셰익스피어를 제대로 감상하려면 같은 연극을 영국 본토에서 세 번 보아야 한다는 말이 있습니다. 한 번은 눈을 감고 대사만 듣고, 또 한 번은 귀를 막고 배우들의 동작을 보고, 마지막으로 눈과 귀를 다 열고 감상해야 한다는 것입니다. 성경 읽기도 비슷하다고 생각합니다. 먼저 본문을 선입견 없이 있는 그대로 읽고, 두 번째는 단어와 문장의 의미를 생각하며 읽고, 세 번째는 자신에게 주는 의미를 생각하며 읽는 거죠. 성경낭독은 마음의 여유를 가지고, 주어진 본문을, 천천히 음미하며 읽는 것입니다.

낭독이란?

낭독이란 천천히 소리 내어 읽는 내용을 머리에 기억시키는 작업입니다. 문자 정보를 음성으로 변환시켜 저장하는 일이지요. 한마디로 뇌 새김 과정이라고 생각하면 됩니다. 여기에 여러 신체 기관이 동원됩니다. 소리를 만드는 호흡 발성 기관은 말할 것도 없고, 시각 정보와 청각 정보를 수집하는 눈과 귀, 그 정보들을 취합하고 분석하고 저장하는 전두엽과 측두엽과 후두엽 뇌까지 동원됩니다. 이때 우리의 두뇌는 믿을 수 없을 만큼 빠른 속도로 부지런히 활동합니다. 이렇게 해서 뇌새김이 진행됩니다. 마치 컴퓨터 칩에 회로가 새겨지는 것과 같은 원리입니다. 이런 뇌새김 기능은 낭독을 통해서만 가능합니다. 낭독하지 않고 눈으로만 읽은 정보는 오래 기억되지 않습니다. 그리고 읽은 내용을 서로 연관 지어 이해하는 데 어려움을 겪게 됩니다. 청소년뿐만 아니라 스마트폰과 디지털 기기를 오래 사용하는 성인들도 난독증으로 고통받는 이유입니다.

짧은 시간에 많은 정보를 처리하고 싶고, 즉각적인 소비를 원하는 현대인들은 읽기reading보다 보기looking를 원합니다. 영상 정보에 익숙하기 때문입니다. 문자로 된 정보라도 원하는 부분만 검색할 뿐 전체를 다 읽지는 않습니다. 일상에서 접하는 광고 문안들은 서로 연결되어 계통을 이루지 않고, 파편화 되어 있습니다. SNS를 통해 제공되는 뉴스도 훑어보기에 편하도록 디자인되어 있습니다. 사람들도 SNS상에서 파편화된 글쓰기로 소통합니다. 그러다 보니 단락이 길면 힘들어하게 됩니다. 하지만 건너뛰며 읽으면 종합적 사고를 할 수 없고, 단편적인 지식만 습득하면 비판 능력이 길러지지 않습니다. 창조적으로 생각하기 위해서는 천천히 모두 읽어야 합니다. 《단단한 독서》의 저자 에밀 파게가 그의 책 첫 장에서 느리게 읽기의 중요성을 다루는 이유입니다. 속사포처럼 빠르게 읽어서도 낭독이 주는 유익을 얻지 못합니다. 낭독을 시작하는 사람은 라틴어 금언 '페스티나 렌테'(급할수록 천천히)의 의미를 생각해야 합니다. 그런 의미에서 낭독은 천천히 읽기에 최적화된 방식입니다. 비유하자면 낭독은 도보 여행이고, 훑어보기는 비행기 여행입니다. 도보 여행으로 얻은 정보는 입체적이며 종합적이고, 비행기에서 내려다본 정보는 평면적이고 단편적입니다. 도보 여행에서는 눈높이에서 바라보는 장면, 피부로 느끼는 바람, 오감으로 느끼는 주변 환경을 인식할 수 있습니다. 하지만 비행기에서는 조감도처럼 펼쳐진 큰 그림 외에 아무것도 느낄 수 없습니다. 마찬가지로 디지털 검색 정보는 백과사전식 지식일 뿐, 논리적 사고를 유발하지 않습니다. 그런 식으로 책을 읽으면 문해력이 떨어지고 글쓰기 능력도 저하됩니다. 깊이 있는 사고를 하지 못하기 때문입니다. 그런 뇌는 쓰지 않는 근육과 같아서 퇴화합니다. 그런 점에서 낭독은 잠자는 뇌를 깨우는 작업입니다.

　뇌새김은 저절로 얻어지지 않습니다. 《책 읽는 뇌》의 저자 매리언 울프에 의하면 "사람은 책 읽는 기능을 가지고 태어나지 않는다"라고 합니다. 책 읽기는 후천적으로 뇌에 회로가 새겨져야만 가능합니다. 이 과정은 매우 느리게 진행됩니다. 먼저 갓난아이는 부모와의 대화를 통해 듣기와 말하기를 배웁니다. 어느 정도 자란 다음에는 이야기 듣기를 통해 구조화된 문장들을 습득합니다. 아이들은 이 과정에서 잘 아는 이야기를 반복해서 듣기 원합니다. 뇌 새김을 즐기고 싶어 하는 겁니다. 조금 더 자라면 문자를 배워 스스로 읽는 법을 터득하게 됩니다. 스스로 책 읽어주는 역할과 듣는 역할을 수행하게 된 것입니다. 당연히 아이는 책을 소리 내어 읽으며 뇌 새김을 합니다. 부모가 들려준 대로 자신에게 들려주는 것입니다. 만약 어린아이에게 누군가가 책을 읽어주지 않는다면, 책 읽기의 뇌 새김은 일어나지 않습니다. 더욱 나쁜 것은 일찍부터 디지털 메시지에 무방비로 노출되는 일입니다. 책 읽는 뇌와 디지털 정보를 처리하는 뇌는 회로가 다릅니다. 디지털 정보에 익숙한 뇌는 난독증의 원인이 됩니다. 매리언 울프는 인류가 알파벳을 통해 책 읽는 뇌를 만들기까지 2000년이 걸렸고, 갓난아이들이 문자문화에 대해 동일한 식견을 가지기까지 2000일이 걸린다고 합니다.

이어령 선생님은 어느 매체와의 인터뷰에서, 여러 형태의 책에 대해 '월인천강'月印千江이라는 말로 설명했습니다. 하늘에 떠 있는 달이 천 개의 강에 다른 모습으로 비친다는 의미입니다. 종이책, 전자책, 오디오북이 모두 다른 기능이 있음을 비유한 것입니다. 그중에서 종이책이 하늘에 떠 있는 달과 같다고 했습니다. 낭독을 오디오북으로 듣는 청독聽讀과 비슷하다고 생각하시는 분들이 있습니다. 낭독과 청독의 근본적인 차이는 능동성에 있습니다. 낭독이 온몸을 사용하는 반면, 청독은 묵독과 비슷하게 수동적으로 눈과 귀를 사용하죠. 이어령 선생님의 '월인천강' 이야기는, 소리 내지 않고 읽는 묵독, 입술로만 읽는 순독, 빨리 읽어 치우는 속독, 천천히 소리 내어 읽는 낭독, 오디오 파일을 듣는 청독 중에, 낭독이 본질적이라는 의미입니다. 낭독이 읽기의 원형arche type이라는 뜻이죠.

책의 역사는 낭독의 역사

　인류가 문자를 발명한 이후 처음에 글은 돌이나 진흙에 새겨졌습니다. 그러다가 짐승의 가죽으로 만든 두루마리 혹은 파피루스로 기록되었습니다. 1454년 구텐베르크가 금속 활자를 발명한 이후 글은 종이에 인쇄된 형태가 되었습니다. 이처럼 사용한 재료가 다르더라도, 본질적으로 글은 낭독되기 위한 것이었습니다. 알베르토 망구엘이 지은 《독서의 역사》를 보면 책 읽기의 역사에 대해 재미있는 일화들이 나와 있습니다. 놀랍게도 소크라테스는 저술과 책 읽기에 반대했다고 합니다. 책은 잊지 않기 위한 방편일 뿐, 기억하기 위한 방법이 아니라고 했습니다. 소크라테스는 아마도 구전 방식을 선호했던 것으로 보입니다. 근대에 이르기까지 저술가들은 자기 작품을 친지들 앞에서 읽어주곤 했습니다. 예를 들어 단테는 《신곡》을 라벤나 지방의 언어로 읽어주었습니다. 1768년 장 자크 루소는 자신의 《고백록》을 친구들 앞에서 읽어주었는데, 오전 9시에 시작해서 오후 3시까지 이어졌었다고 합니다. 19세기 중반 찰스 디킨스는 40개 도시에서 80회에 걸쳐 자기 작품 낭독회를 가졌습니다. 빈센트 반 고흐의 가족들은 친지에게서 온 편지까지 저녁 식사 자리에서 낭독했다고 합니다. 이런 낭독의 대중화에는 1300년대 초반에 발명된 안경과, 16세기에 발명된 활자 인쇄술의 보급이 기폭제가 되었을 것입니다. 20세기 쿠바의 시거 공장에서는 노동자들에게 책을 읽어주는 독사讀士들이 활동했습니다. 책은 노동자들의 투표로 선정되었는데,《몬테크리스토 백작》이 가장 인기 있었다고 합니다. 지금도 쿠바에는 책을 전문적으로 읽어주는 사람들이 있다고 합니다. 공공 도서관의 등장으로 공중 장소에서 낭독이 금지되기까지 묵독은 일반적이지 않았습니다. 조선 후기 우리나라에도 책을 전문적으로 읽어주는 사람들이 있었습니다. 책을 판매할 목적으로 좌판을 벌여 놓고 행인들에게 소설책 일부를 읽어주었다고 합니다. 그들을 속칭 '전기수'라고 불렀는데, 책 읽어주는 사람이라는 뜻입니다. 능력이 뛰어난 전기수들은 부잣집에 불려 가서 읽어주기도 했는데, 주로《춘향전》《심청전》《서유기》《장화홍련전》같은 소설이었다고 합니다.

낭독의 유익

낭독의 이점은 여러 가지입니다.

첫째는 눈과 입과 귀를 모두 사용하기 때문에, 본문에 집중할 수 있습니다. 낭독하지 않고 눈으로만 읽었을 때 자칫 놓치기 쉬운 단어들까지 읽어내는 것입니다. 마치 같은 내용을 외국어로 읽었을 때 집중력이 높아지는 것과 같은 원리입니다. 더구나 자신의 목소리로 자신에게 읽어주기 때문에 내용을 기억하기 쉽습니다. 뇌 새김이 잘 되는 거지요. 예전에 서당에서 학생들이 천자문을 함께 낭독했던 것과 같은 원리입니다. 낭독은 본문의 의미를 더 잘 파악하게 합니다. 읽는 속도와 톤과 감정 표현으로 본문의 리듬과 분위기가 생생하게 다가오기 때문입니다. 앞에서 말했던 도보 여행의 장점을 떠올리시면 됩니다.

둘째는 신체와 내면의 치유를 경험하게 됩니다. 낭독은 자신의 목소리와 마주하는 행위입니다. 귀로만 들을 때와 달리 녹음 파일로 들으면 자신의 목소리가 낯설게 느껴질 수 있습니다. 마치 사진 속의 자신이 다른 사람처럼 보이는 것과 비슷합니다. 자신의 음성이 낯선 이유 가운데 하나는, 습관화된 표정이 소리에 묻어 나온 탓일 수도 있습니다. 목소리는 얼굴과 같아서 표정이 담깁니다. 때로 내면의 수치심과 두려움과 집착 등이 목소리에 실려 나옵니다. 그러나 낭독을 계속해 가면서 점차 목소리가 달라집니다. 낭독으로 자신과 직면할 뿐만 아니라, 있는 그대로 받아들이게 되기 때문입니다. 그 결과 내면이 변화되고, 목소리도 활기차게 되고 풍부한 감성을 담게 됩니다. 내면의 변화만이 아니라 실제로 신체의 변화까지 가져올 수 있습니다. 미국 46대 대통령이 된 조 바이든은 어릴 때 말더듬이였 습니다. 그걸 고치기 위해 밤마다 손전등을 들고 거울을 보면서, 예이츠와 에머슨의 시를 운율대로 낭송했다고 합니다.

셋째는 카타르시스 효과입니다. 낭독하는 과정에서 폐, 신장, 심장이 조화롭게 움직이고, 턱관절과 발성 기관도 활발하게 움직이면서 에너지 순환이 원활하게 이루어집니다. 마치 노래할 때처럼 들숨보다 날숨이 길기 때문에, 호흡이 안정되고 긴장이 이완됩니다. 긴장이 이완된다는 것은 부교감 신경이 활발하다는 의미이고, 정신이 맑아져 집중력이 높아지게 됩니다. 이런 카타르시스 효과에 대해 조선 후기 실학자 이덕무는 자신의 저서 《이목구심서》 3권에서 이런 글을 남겼습니다.

"나는 날마다 책을 읽으면서 네 가지 유익한 점을 깨달았다. 첫째, 굶주렸을 때 책을 읽으면 소리가 훨씬 낭랑하다. 글의 이치와 취지를 음미하다 보면 배고픔을 느끼지 못한다. 둘째, 날씨가 추워질 때 책을 읽으면 기운이 소리를 따라 온몸을 타고 돈다. 그러면 몸이 따뜻해 추위를 잊을 수 있다. 셋째, 근심과 번뇌가 일어날 때 책을 읽으면 눈은 글자를 꿰뚫고 마음은 이치를 향해 달려간다. 그러면 오만 가지 생각이 그 순간 사라진다. 넷째, 기침이 심할 때 책을 읽으면 기운이 돌면서 막힌 것을 통하게 한다. 그러면 기침 소리가 어느덧 멎는다. 만약 덥지도 않고 춥지도 않으며, 배고프지도 않고 배부르지도 않으며, 마음도 평화롭고 몸도 편안하며, 게다가 등불이 환하고 창이 밝으며, 책들이 가지런하고 책상이 정결하기까지 하다면 책을 읽지 않을 수 없다. 하물며 뜻이 높고 재주가 뛰어나며 나아가 젊고 활기찬 사람이 책을 읽지 않는다면, 무엇을 하겠는가? 나와 뜻을 같이하는 사람은 힘쓰고 힘쓸지어다"

우선 빠뜨리는 단어 없이 읽을 수 있어서 좋습니다. 눈으로만 읽을 때 자칫 건너뛸 수 있는 단어들을 꼼꼼히 챙기는 거죠. 속독 훈련을 받지 않은 사람이라도 눈으로 한 문장 정도는 단숨에 읽을 수 있을 겁니다. 책을 많이 읽는 사람이라면 여러 문장을 더 빠른 속도로 읽겠죠. 마치 사진 찍듯이 읽어 나갈 것이기 때문에, 전체 내용을 파악하더라도 세부적인 것은 놓치기 쉽습니다. 그런데 낭독 방식으로는 그렇게 빠른 속도로 읽을 수 없습니다. 소리의 속도는 빛의 속도보다 현저히 느리니까요. 눈으로 읽은 몇 개의 단어를 기억에 의존

해서 소리 내지 않는 이상, 우리 눈은 발음이 끝날 때까지 매 단어 위에 얌전히 머무르게 됩니다. 눈이 더 이상 횡포를 부릴 수 없죠. 눈으로만 읽었을 때 익숙했던 본문이 낭독할 때 낯설게 느껴지는 이유 가운데 하나입니다. 낭독하면 그 단어가 거기 오래전부터 있었다는 사실을 깨닫는 경우가 많습니다. 더구나 특정한 단어에 강세를 주어 읽으면 전혀 다른 느낌으로 다가옵니다. 특히 성경을 여러 번 읽은 분일수록 눈으로만 읽을 때 건너뛰는 단어가 많습니다. 익숙한 단어들을 사진 찍듯 훑고 지나가는 거죠. 그런데 성경에는 "율법의 일점 일획도 없어지지 않는다"라는 구절이 있습니다. (마 5:18) 이 말을 성경 읽기의 관점에서 본다면, 한 단어도 빼놓지 말고 읽으라는 말이 됩니다. 눈으로만 읽으면 일점일획이 아니라, 한 단어 혹은 한 문장이 빠질 수도 있죠.

성경낭독의 또 한 가지 장점은 성경 인물들과 공감대를 형성할 수 있다는 사실입니다. 성경에는 수많은 인물의 대화 혹은 하나님의 말씀이 인용되어 있습니다. 예언자들의 예언, 시인들의 기도와 노랫말, 현자들의 잠언도 수록되어 있죠. 그들의 생각과 감정이 자신의 목소리를 통해 재현되면서 공감대를 형성하게 됩니다. 낭독을 통해 그들의 삶으로 들어가는 거죠. 특히 하나님의 입으로 나온 말씀을 자신의 목소리로 낭독하는 것은 환상적인 경험입니다. 하나님의 마음을 읽게 되거든요. 이것은 눈으로만 읽거나 빠른 속도로 소리 내어 읽어서는 도저히 경험할 수 없는 일입니다. 무엇보다 속도가 안 맞아요. 현대인들의 언어 구사 속도가 빠른 것을 감안하더라도, 고대인들이 그렇게 빠른 속도로 말했을 것 같지 않습니다. 성경 이야기를 자기 말로 풀어서 묘사하는 내레이션 방식으로도 경험할 수 없습니다. 왜냐하면 직접 화법으로 인용된 구절들은 직접 화법으로 읽을 때 당사자의 심정에 제대로 다가갈 수 있기 때문입니다. 덧붙여서, 성경을 낭독하면 성경 이야기를 전달하는 화자narrator와도 공감할 수 있습니다. 성경의 모든 이야기는 내레이터의 필터를 거쳐 재구성된 것들입니다. 같은 사건을 이야기해도 관점이 다르고 이야기 전개도 다릅니다. 예를 들면 같은 역사를 이야기해도 열왕기와 역대기가 크게 다른 것과 같습니다. 예수 그리스도의 생애와 가르침을 이야기해도 사복음서가 모두 다르죠. 이런 이야기를 읽을 때 내레이터의 심정을 생각하면 내용이 더 입체적으로 다가옵니다. 음식 맛보기에 비유하자면 눈으로만 읽는 것은 영상자료를 보는 것이고, 낭독은 시식하는 것과 같다고 할 수 있습니다. 영상 속 음식이 아무리 화려해 보여도 코로 음식의 향을 맡고, 혀로 식감을 느끼고, 귀로 음식 섭취하는 소리 듣는 것을 대치할 수 없기 때문이죠. 마치 음식을 맛보는 것처럼, 성경을 낭독할 때 낭독자의 삶과 성경 인물들의 삶이 공감대를 형성합니다.

성경낭독의 제일 큰 장점은 확신에 이르도록 도와준다는 사실입니다. 낭독은 하나님의 말씀을 선포하는 행위입니다. 첫 번째 청중이 바로 자기 자신이고요. 그러니까 성경낭독은 하나님 말씀을 선포하는 동시에 귀 기울여 듣는 행위가 됩니다. 이렇게 할 때 확신에 이르게 되는 것을 설명해주는 성경 구절이 있습니다. "그러면 무엇을 말하느냐 말씀이 네게 가까워 네 입에 있으며 네 마음에 있다 하였으니 곧 우리가 전파하는 믿음의 말씀이라 …… 그러므로 믿음은 들음에서 나며 들음은 그리스도의 말씀으로 말미암았느니라"(롬 10:8, 17) 이처럼 성경낭독이 읽는 바를 확신하도록 도와주는 이유는 능동적 읽기에 있습니다. 눈으로만 읽든지 귀로만 듣는 것은 수동적인 읽기입니다. 대조적으로 낭독은 온몸과 정신을 집중해서 능동적으로 읽는 것입니다. 그 과정을 통해 하나님의 말씀이라는 콘텐츠가 마음 중심에 자리를 잡게 됩니다. 달리 말해서 낭독은 눈으로만 읽거나 귀로만 들을 때 잡념과 의심이 개입하는 것을 막아줍니다. 마치 옥토에 씨가 떨어지는 것과 같다고 할까요? 길 위에, 돌밭에, 가시밭에 떨어진 씨가 싹이 나고 자라지만 결실에 이르지 못하는 것과 대조적이죠. 이처럼 수동적 읽기는 장애물을 극복하게 도와주지 못합니다.

성경 속 낭독 DNA

성경에는 낭독 DNA가 들어 있습니다. 성경에 들어 있는 대부분 책이 오랜 세월 입에서 입으로 전달되었기 때문입니다. 처음부터 문자로 기록한 책이라도, 낭독용으로 기록되었다는 점에서는 궤적을 같이합니다. 구약시대에 글쓰기가 보편화된 것은 빨라야 기원전 8세기입니다. 그전에는 대부분 구전 형태로 존재했을 것입니다. 구약성경에는 낭독과 암송 방식으로 전달되었음을 보여주는 구절들이 많이 나옵니다. 성경 맨 앞의 책 다섯 권을 저술한 모세는 후계자 여호수아에게 이렇게 명령했습니다. "이 율법책을 네 입에서 떠나지 말게 하며(소리 내어 읽으며) 주야로 그것을 묵상(낭송)하여"(수 1:8) 그뿐만 아니라 일반 백성들에게도 모세는 낭송을 강조했습니다. "오직 그 말씀이 네게 매우 가까워서 네 입에 있으며(낭송) 네 마음에 있은즉"(신 30:14) 예레미야는 하나님의 말씀이 구전 방식으로 선포되었음을 이렇게 말합니다. "여호와께서 그의 손을 내밀어 내 입에 대시며 여호와께서 내게 이르시되 보라 내가 내 말을 네 입에 두었노라(들려주라)"(렘 1:9) 사람들은 이처럼 구전된 하나님의 말씀을 낭송하기에 힘썼습니다. "오직 여호와의 율법을 즐거워하여 그의 율법을 주야로 묵상(낭송)하는도다"(시 1:2) "새벽에 주의 말씀을 읊조릴(암송할) 때"(시 63:6)

신약성경의 경우 세기말 요한은 자신의 글이 공중 앞에서 낭독되기를 원했으며, 교회들이 돌려가며 읽도록 했습니다. "이 예언의 말씀을 읽는 자와 듣는 자와 그 가운데에 기록한 것을 지키는 자는 복이 있나니 때가 가까움이라 …… 이르되 네가 보는 것을 두루마리에 써서 에베소, 서머나, 버가모, 두아디라, 사데, 빌라델비아, 라오디게아 등 일곱 교회에 보내라 하시기로"(계 1:3,11) 사도 바울의 경우도 예외는 아니었습니다. "이 편지를 너희에게서 읽은 후에 라오디게아인의 교회에서도 읽게 하고 또 라오디게아로부터 오는 편지를 너희도 읽으라"(골 4:16) 이처럼 신약성경까지도 구전 혹은 낭독을 염두에 두고 기록되었다는 것을 알 수 있습니다. 그런데 16세기에 대량으로 제작되기 전에는 성경은 고가의 품목에 속했습니다. 따라서 개인적으로 읽는 경우보다 회중이 모인 자리에서 낭독하는 것이 일반적이었습니다. 이런 낭독 전통은 대중에게 성경이 널리 보급된 종교 개혁 이후에도 이어졌습니다. 한국 개신교회 초창기 역사를 보면, 설교를 위한 본문 읽기와 별도로 예배를 드리기 전 모여서 성경을 읽었습니다. 마치 유대인들이 안식일에 파라샤와 하프타라를 읽는 것과 비슷했습니다.[3]

성경에 낭독 DNA가 있다는 말을 좀 더 설명하자면, 운율을 타고 읽을 수 있도록 기록되었다는 의미입니다. 처음부터 청중들이 받아들이기 쉽고 이해하기 쉽도록 운율을 사용한 것입니다. 한 번만 이야기하고 지나가면 놓치기 쉬우니까, 같은 말을 여러 방식으로 바꾸어서 들려준 것이지요. 그러다 보니 비슷비슷한 말이 너무 많이 들어 있습니다. 요즘 이런 식으로 글을 쓰면 아무도 안 읽죠. 작가들은 같은 말을 반복하지 않으려고 애씁니다. 저는 가끔 우스갯소리로 "성경에서 비슷한 말들을 하나로 줄이면, 두께가 반으로 줄겠다"라는 말을 합니다. 운율을 만들려고 비슷한 말들이 반복되는 것을 꼬집은 겁니다. 그런데 문제는 현대 독자들이 운율을 타고 읽지 않는다는 겁니다. 그래서 같은 말을 반복하는데도 다른 말을 하는 줄 알고 열심히 해석하려고 하지요. 그럴수록 성경은 더 어렵게 다가올 뿐입니다. 적어도 성경에 낭독 DNA가 있다는 것만 알아도 어렵지 않게 읽을 수 있을 겁니다.

---

3 "그들은 버가에서 더 나아가 비시디아 안디옥에 이르러 안식일에 회당에 들어가 앉으니라 율법과 선지자들의 글을 읽은 후에…… 예루살렘에 사는 자들과 그들 관리들이 예수와 및 안식일마다 외우는 바 선지자들의 글을 알지 못하므로 예수를 정죄하여 선지자들의 말을 응하게 하였도다"(행 13:14,15,27). 파라샤란 오경을 주 단위로 읽을 수 있도록 나눈 본문이고, 하프타라는 파라샤에 어울리는 예언서 본문을 가리키는데 안식일에 읽었습니다.

성경 시대에 살았던 사람들에게 말씀 낭송이 일상이었다는 증거를 예수 그리스도의 삶에서도 찾아볼 수 있습니다. 대표적인 경우가 광야에서 마귀에게 시험을 받은 사건인데, 세 번 시험당할 때 세 번 모두 신명기 말씀을 암송하여 물리쳤습니다. 이 외에도 율법 학자들이나 종파적 유대인이 시비를 걸어올 때 언제나 성경을 암송하며 풀어나갔습니다. 유대인 남자들은 기본적으로 하루 두 번, 일어났을 때나 잠자리에 들 때 신명기 말씀을 낭송해야 됩니다. "들으라"로 시작하는 단락인데, 첫 단어가 제목이 되어 '쉐마'라고 부릅니다. 쉐마 낭송과 관계해서 유명한 일화가 있습니다. 힐렐이라는 랍비는 장가가는 제자들에게 첫날 밤에 깜빡 잊고 쉐마를 낭송하지 못하더라도 하나님이 용서하실 거니까 괘념하지 말라고 했습니다. 마침내 힐렐이 늦게 장가를 가게 되었습니다. 제자들은 스승이 첫날 밤에 쉐마를 암송했는지 궁금했답니다. 그래서 물어보았더니 쉐마를 암송했다는 답이 돌아왔다고 하지요. 어떻게 그럴 수 있었는지 물어보니까 이렇게 대답했다고 합니다. "나도 신부에게 마음이 뺏겨 쉐마 낭송을 잊어버렸는데, 잠자리에 들면서 저절로 하고 있더라" 참고로 쉐마 본문을 소개합니다.

"이스라엘아 들으라 우리 하나님 여호와는 오직 유일한 여호와이시니

너는 마음을 다하고 뜻을 다하고 힘을 다하여 네 하나님 여호와를 사랑하라

오늘 내가 네게 명하는 이 말씀을 너는 마음에 새기고

네 자녀에게 부지런히 가르치며 집에 앉았을 때에든지 길을 갈 때에든지 누워

있을 때에든지 일어날 때에든지 이 말씀을 강론할 것이며

너는 또 그것을 네 손목에 매어 기호를 삼으며 네 미간에 붙여 표로 삼고

또 네 집 문설주와 바깥 문에 기록할지니라"(신 6:4-9)

신앙의 깊이를 만드는 낭독

386년 8월 아우구스티누스는 담장 너머에서 '집어서 읽어라, 집어서 읽어라'라는 아이들의 동요를 듣고, 무심코 탁자에 놓인 책을 집어 들었습니다. 그리고 소리 내어 읽기 시작했는데, 그것은 바울의 로마서였습니다. 우연히 펼친 대목은 "밤이 깊고 낮이 가까웠으니 그러므로 우리가 어둠의 일을 벗고 빛의 갑옷을 입자 낮에와 같이 단정히 행하고 방탕하거나 술 취하지 말며 음란하거나 호색하지 말며 다투거나 시기하지 말고 오직 주 예수 그리스도로 옷 입고 정욕을 위하여 육신의 일을 도모하지 말라"(롬 13:12-14)라는 구절이었습니다. 초기 기독교의 위대한 성자이자 목회자이자 신학자는 그렇게 탄생했습니다. 이전까지 아우구스티누스의 삶은 방황의 연속이었습니다. 16살에 비혼 자녀를 낳았고, 10년 동안 마니교에 심취했다가 떠났으며, 잠시 신플라톤주의 이원론을 탐구하기도 했습니다. 마침내 그의 나이 32살이 되던 해 우연히 집어서 읽은 로마서 말씀에 뒤통수를 얻어맞은 듯한 충격을 받았다고 합니다. 하나님의 말씀이 그의 목소리를 타고 영혼을 관통해버린 것입니다. 이후 그의 삶과 사상은 잘 알려진 바와 같습니다. 지금도 아우구스티누스의 사상은 서양 철학의 중요한 뿌리가 되고 있습니다.

말씀 낭독이 신앙의 깊이를 만드는 이유가 있습니다. 본질적인 변화를 일으키기 때문입니다. 성경낭독은 성경을 대상으로 삼지 않고 목적으로 삼습니다. 오히려 낭독자 자신을 대상으로 삼습니다. 다시 말해 성경을 연구 대상이나 소유 대상으로 삼지 않습니다. 대상화된 성경은 신자의 욕망을 이루는 도구로 전락할 수 있습니다. 사람들은 성경을 단시간에 많이 읽거나, 오래 걸리더라도 최대한 여러 번 읽기 원합니다. 그런데 많이 읽고 여러 번 읽는 것 자체가 성경 읽기의 목적이 될 수 없습니다. 그것은 성경 읽기의 방법과 수단일 뿐입니다. 성경 읽기의 목적은 삶의 변화가 되어야 합니다. 목적과 수단을 바꾸면 안 됩니다. 그런데 변화는 단시간에 일어나지도 않고, 투입된 시간의 양에 정비례하지도 않습니다. 변화는 시간의 흐름에 따라 순서대로 조금씩 지속해서 일어납니다. 건축 자재를 한꺼번에 쌓을 때가 아니라, 순서대로 조립할 때 집이 되는 것과 같습니다. 간장과 된장 같은 발효 식품이 자연의 시간표에 따라 만들어지는 것과도 같습니다. 오죽하면 라면 광고조차 '4분 30초를 기다려야 맛있게 끓

여진다라는 문구를 등장시켰겠습니까? 천천히 시간적 여유를 가지고 조금씩 지속해서 성경낭독을 해야 하는 이유입니다. 성경 읽기가 가져오는 삶의 변화는 말씀의 양에 달려 있지 않고, 읽는 태도에 달려있습니다. 조급한 마음과 욕심을 버리고 낭독을 통해 하나님의 말씀이 영혼을 관통하도록 자신을 내어 맡길 필요가 있습니다. 한마디로 성경을 깊이 있게 읽는 것입니다. 변화의 속도와 시간표는 내가 짜는 것이 아니라, 하나님이 하십니다. 때로 영적 성숙과 변화를 향한 열망이 오히려 걸림돌이 될 수 있습니다. 그것도 아니라면 성경읽기의 횟수와 분량은 자기만족을 위한 스펙이 될 수도 있을 것입니다. 깊이 있는 성경낭독만이 신앙의 깊이를 만듭니다. 독일의 대문호 괴테는 헨델의 「메시아」 오라토리오를 감상하고, 성경낭독에 대해 깊은 감명을 받았습니다. 그는 헨델의 또 다른 오라토리오 「삼손」에서도 성경 구절이 사용된 점을 연구했습니다. 성경낭독에 관한 관심은 이후 불후의 명작 《파우스트》 저술에 큰 영향을 주었습니다.

3장

이미지와 운율

우리 말에 '낫 놓고 기역 자도 모른다' '부뚜막의 소금도 집어넣어야 짜다'라는 속담이 있습니다. 이 속담들은 낫, 기역, 부뚜막, 소금이라는 이미지를 사용하고 있습니다. 우리처럼 아시아에 속하는 이스라엘도 이미지를 즐겨 사용합니다. 그래서 성경에 나오는 이미지부터 읽어야 의미를 쉽게 파악할 수 있습니다. 그런데 성경에서 이미지를 사용하는 방식은 생각보다 다양합니다. 구상화처럼 단순히 있는 그대로를 보여주기도 하고, 추상화처럼 상징적 의미로 사용하기도 하죠. 두 개의 이미지를 나란히 놓아 비유를 만드는가 하면, 이미지에 스토리를 입혀 우화를 만들기도 합니다. 드물기는 하지만 이미지를 촌극으로 만들어 입체적인 의미 전달을 시도하기도 하지요.

소리 내어 읽는다는 것은 운율을 따라 읽는 것입니다. 노래 부를 때 박자와 음정을 사용하는 것과 같습니다. 노랫말을 만드는 분들은 종종 일상의 대화에서 박자와 음정을 찾아낸다고 합니다. 운율을 따라 읽어야 할 이유는, 박자와 음정이 낭독에 에너지를 주기 때문이죠. 운율이 주는 즐거움 때문에 피곤한 줄도 모르고 읽게 됩니다. 낭랑하게 천자문을 읽는 서당의 학동들을 상상해보십시오. 더욱 중요한 이유는, 성경 저자들이 운율과 함께 의미를 전달하고 있기 때문입니다. 운율을 따라 전해지기 때문에 이해하고 기억하기도 쉬운 겁니다. 그런데 운율은 리듬에 음정이 더해져 만들어집니다. 낭독의 음정은 읽는 사람의 억양에 달려 있습니다. 예를 들어 억양을 내리면 평서문이 되고, 올리면 의문문이 됩니다. 운율에는 의미 전달을 위해 특정한 단어를 힘주어 읽는 강세도 포함됩니다.

그림 언어 사용

옛날에는 오늘날처럼 어휘가 많지 않았습니다. 그래서 딱히 설명할 단어를 찾지 못할 때는, 전달하려는 내용과 어울리는 이미지를 사용했습니다. 한 마디로 나타낼 것을 여러 단어로 묘사했던 겁니다. 관념적 어휘가 부족했기 때문에 사물을 묘사하는 그림 언어를 사용했습니다. 그러니까 그림 언어라는 말은 이미지를 보여주는 언어라는 뜻입니다. 감정 표현도 처음에는 그림 언어를 사용했습니다. 예를 들어 화내는 것은 '코에 불이 붙은 것으로 묘사했습니다. 한글 성경에서 '화났다'라고 번역된 단어는 알고 보면 '콧구멍에 불이 붙었다'라는 문장입니다. 종종 "하나님의 코에서 연기가 피어오른다"라는 표현이 나오는 이유이기도 합니다. 반대로 '화를 참다'라는 번역은 '콧구멍이 길다'라는 문장입니다. 코가 길어서 열기가 나오다가 식는다는 의미입니다. 같은 의미로 한글 성경에서 '노하기를 더디

하는 하나님'으로 번역한 말은, 원문에서 '코가 긴 하나님'으로 되어 있습니다. 또 다른 예를 들자면 방향을 표시할 때는 태양을 바라보고 서 있는 신체를 기준으로 삼았습니다. 그래서 동쪽은 앞, 서쪽은 뒤, 남쪽은 오른쪽, 북쪽은 왼쪽이라고 말했습니다. 최종적으로는 동서남북을 가리키는 단어들이 따로 만들어졌습니다. 하지만 그렇게 되기까지 한동안 북쪽은 북쪽에 있는 짜폰산, 남쪽은 남쪽에 있는 네게브 광야의 이름을 사용했습니다. 자주 나오지는 않지만, 남자를 가리키는 그림 언어로 '벽에 오줌 누는 자'라는 표현도 있습니다.(삼상 25:22) 고대에는 밀이나 보리 같은 곡식류 일년생 풀을 '씨 맺는 채소'(창 1:11,12)라고 불렀습니다. 높은 산은 '하늘의 기둥'(욥 26:11) 혹은 '땅의 기둥'(시 75:3)이라고 불렀습니다. 하늘의 기둥이란 말은 하늘이 무너지지 않도록 떠받치고 있다는 의미이고, 땅의 기둥이란 말은 지진이 날 때 붙들어 주는 기초라는 뜻이지요. 오늘날 고층 건물을 지을 때 지반이 약한 곳에 파일을 박는 공법과 비슷한 개념입니다 그리고 번개는 신이 사용하는 불 칼이라고 생각했습니다. 그래서 아담과 하와가 에덴 동산에서 쫓겨난 다음, 생명나무 과일을 훔치지 못하도록 여호와가 '두루 도는 불 칼'을 두어 지키게 했다고 했습니다.(창 3:24) 번개가 여기저기에 번쩍번쩍 내리치는 이미지와 잘 어울리는 표현입니다. 노아 시대 홍수가 끝난 후 무지개가 구름 속에 떴는데, '활을 두었다'라고 표현합니다. 창조주가 다시는 사람들을 물로 공격하지 않겠다는 휴전의 의미입니다. 이외에도 관용어로 표현된 이미지들이 많습니다. 죽음을 묘사할 때 '흙으로 돌아갔다' '모태로 돌아갔다'(욥 1:21)라는 말을 함께 씁니다. 사람이 원래 흙으로 만들어졌으니까요. '왔던 곳으로 돌아갔다'라는 말도 같은 뜻입니다.(전 5:15) '조상에게로 돌아갔다'(창 15:15) '조상과 함께 눕다'(창 47:30)라고도 합니다. 조상의 뼈 구덩이에 뼈를 함께 매장하던 풍습에서 나온 말입니다. 또는 '장막줄이 뽑혔다'(욥 4:21) '장막이 무너졌다'(고후 5:1)라고도 표현합니다. 유목 문화에서 장막을 걷는 것은 이동을 의미했는데, 다음 세상으로 이동한다는 뜻입니다.

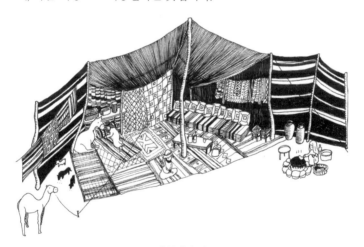

유목민의 텐트

위에서 예로 든 일부 그림 언어들은 이미 한글 성경에서 의역을 했습니다. 관용적 표현이니까 그렇게 해도 됩니다. 하지만 대부분의 그림 언어들은 그대로 남아 있습니다. 왜 대부분의 그림 언어들은 그대로 내버려 뒀을까요? 요즘도 사용하는 표현이거나 의역할 수 없는 단어들이기 때문입니다. 그런데 같은 단어라도 성경이 기록될 시대의 이미지와 21세기의 것이 다를 수 있습니다. 예를 들어 열쇠의 이미지가 그렇습니다.

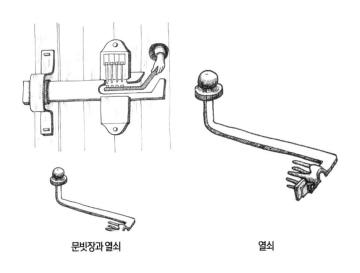

문빗장과 열쇠   열쇠

성경에 나오는 열쇠 모양은, 좁은 구멍에 꽂아서 돌리는 피스톤 방식과 전혀 다릅니다. 기다랗게 생긴 자루에 마치 다섯 손가락을 위로 향해 살짝 오므린 형태의 핀들이 달린 모양이거든요. 로마의 성 베드로 광장에는 베드로가 천국 열쇠를 들고 있는 대리석상이 있습니다. 예수 그리스도께서 베드로에게 "내가 천국 열쇠를 네게 준다"(마 16:19)라는 성경 구절을 형상화한 것입니다. 그런데 그 열쇠는 성경 시대의 열쇠 모양이 아니라, 한참 후대에 서양에서 만든 피스

톤 방식의 열쇠입니다. 갈릴리 수위권 교회 입구에도 똑같은 열쇠를 들고 있는 베드로 청동 조각상이 있습니다. 이미지를 읽을 때 주의해야 할 이유입니다.

다른 예를 하나 더 들자면, 맷돌 위짝의 이미지가 있습니다.

구약시대의 맷돌

데베스 성의 한 여인이 아래로 던져 아비멜렉의 머리를 깨뜨린 물건인데요,(삿 9:53) 우리가 흔히 사용하는 어처구니 달린 맷돌 위짝과 다릅니다. 성경에도 우리가 사용하는 것과 비슷하게 생긴 맷돌이 나오기는 합니다. 하지만 그건 "두 여자가 함께 맷돌을 갈고 있으매"(눅 17:35)라는 말씀처럼 신약시대의 물건입니다. 지금으로부터 3000년도 더 넘은 시대의 맷돌 위짝은 약간 타원형으로 생기고 둥글둥글한 돌입니다. 여인들이 그 돌을 앞뒤로 굴리며 맷돌 아래짝에 놓은 곡식의 껍질을 손으로 깠습니다. 큰 고구마 정도 크기밖에 되지 않아서, 여인이 충분히 두 손으로 던질 수 있었습니다. 이처럼 성경 시대에 사용된 단어의 이미지가 우리 시대의 것과 상당한 차이가 있을 가능성이 있습니다. 그렇기에 성경에 나오는 이미지를 머릿속으로 상상할 것이 아니라, 검색해서 정확한 모습을 파악해야 합니다.

이미지를 몇 개 더 소개하겠습니다. 먼저 이스라엘을 포함한 지중해 일대 여인들의 출산 이미지입니다. 산모들은 돌 위에 쪼그리고 앉아서 출산했습니다. 키프로스 섬에서 발견된 출산 여인 테라코타나 이집트의 콤 옴보 신전과 덴데라 신전 부조에는 여인들이 모두 돌에 앉아서 출산하고 있습니다. 성경에는 '그 자리'라고 되어 있는데, 직역하면 '두 돌들'이 됩니다. 애굽의 바로 왕이 산파들에게 히브리 남아를 살해하라고 지시하는 과정에서 사용된 단어입니다.(출 1:16) 여기서 '두 돌들'이란 출산하는 여인이 쪼그려 앉는 자리를 가리킵니다.

콤 옴보의 출산 벽화

그리고 사무엘서에는 이스라엘 백성들이 블레셋 군인들이 사용

하는 창을 가리켜 '베틀 채' 같다고 한 구절들이 나옵니다. (삼상 17:7; 삼하 21:19)

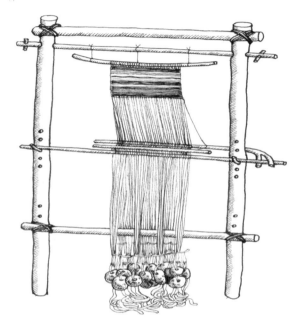

성경 시대의 베틀

그림 자료에 나오는 것처럼 베틀 채는 베틀의 중앙을 가로지르는 막대기를 가리킵니다. 그 끝에 살짝 갈라진 부분이 있는데, 이것을 블레셋 군인들의 창 자루에 비유한 겁니다. 그러니까 블레셋 군인들의 창 자루에는 던질 때 잡기 쉽도록 손잡이가 달려 있었던 겁니다. 그런 창이 이스라엘에는 없었기 때문에 베틀 채에 비유했습니다.

그리고 예언자 아모스는 "성문에서 정의를 세울지어다"라고 말했습니다.(암 5:15) 이 말은 성문에서 재판할 때 공정하게 하라는 주문이었습니다.

단성문 재판석

그림 자료에 나오는 성문 재판석은 이스라엘의 최북단 도시 단 성문에 있는 것입니다. 이해를 돕기 위해 기둥과 대들보는 요즘에 세웠지만, 기둥 받침과 의자 받침은 옛 모습 그대로입니다.

고라신 회당 유적지에서 발견된 돌의자는 예수님이 말씀하신 '모세의 자리'가 실제로 있었음을 보여줍니다.(마 23:2)

고라신 모세 의자

갈릴리의 현무암으로 만든 의자 전면에는 '모세의 의자'라는 글귀가 선명하게 새겨져 있습니다. 지금은 예루살렘의 이스라엘 박물관으로 옮겨 전시되고 있습니다.

신부 들러리

그리스도가 베풀어주신 '열 처녀 비유'에서 열 처녀는 '열 명의 신부'가 아니라 '열 명의 들러리'입니다. 신부의 친구들이 첫날밤 신랑의 집까지 등불을 들고 함께 가서 잔치에 참여하는 풍습을 배경으로 하고 있습니다.

화덕

이스라엘 가정에서 화덕은 부엌에서 가장 중요한 도구였습니다.

빵을 굽기도 하고, 국을 끓이기도 하고, 그 열기를 난방에 사용했습니다. (호 7:4,6,7)

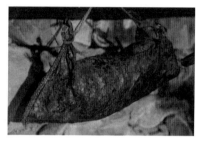
가죽 부대

가죽 부대 또한 음료를 보관하거나 운반하는 데 없어서는 안 될 도구였습니다. 짐승 가죽으로 만든 부대에는 물이나 포도주를 담아 두었으며,(창 21:15; 삼상 1:24) 우유를 담아 치즈를 발효시키는 도구였습니다. (잠 30:33)

이스라엘 가옥

이스라엘의 가옥은 지붕이 평평한 구조였습니다. 지붕은 식물을 말리는 곳,(수 2:6) 손님과 밤새 담화하고 함께 잠드는 곳,(삼상 9:25-26) 기도하는 곳(행 10:9). 때로 이방 신을 위한 산당이 설치된 곳이기도

했습니다. (습 1:5)

지붕의 산당

그리스도가 38년 된 병자를 고쳐준 베데스다 못은 '자비의 집' 혹은 '두 개의 샘의 집'이라는 뜻이 있습니다. 이곳에는 인공 저수조가 두 개 있었습니다. 그리고 가끔 아래쪽 못의 물이 소용돌이치는 경우가 있었습니다. 요아킴 예레미아스에 의하면 위의 북쪽 못에서 아래의 남쪽 못으로 물이 이동하면서 수압 차로 그런 현상이 발생했다고 합니다. 하지만 지하수의 용출로 생겨난 현상일 수도 있습니다. 어쨌거나 사람들은 물이 소용돌이치는 현상을 천사가 휘젓는 상서로운 징조로 받아들였습니다. 자연스럽게 기적을 바라는 불치병 환자들이 그곳으로 모여들었습니다. (요 5:3,4)

베데스다 연못

★ 그림 언어로 읽어 볼까요? ★

"그날 바람이 불 때 동산에 거니시는 여호와 하나님의 소리
를 듣고 아담과 그의 아내가 여호와 하나님의 낯을 피하여
동산 나무 사이에 숨은지라 여호와 하나님이 아담을 부르시
며 그에게 이르시되 네가 어디 있느냐"(창 3:8,9)

위의 구절들에서 어떤 이미지를 읽으셨어요? '그날 바람이 불 때'
는 오후 세 시경을 가리킵니다. 지중해에서 서늘한 바람이 육지 쪽
으로 불어올 시간대이죠. 그래서 개역 성경에서는 '날이 서늘할 때
에'로 의역을 했습니다. '거니시는 여호와 하나님의 소리'는 저벅저벅
걷는 하나님의 발걸음 소리라는 뜻입니다. 마치 바람 쐬러 동산을
산책하는 듯한 소리 이미지입니다. '하나님의 낯을 피하여'라는 말
은 하나님으로부터 도망쳤다는 뜻입니다. 마치 하나님께서 사람처
럼 얼굴을 가지고 있는 것처럼, 신인동형적anthropomorphic 이미지를
사용한 것입니다. 또한 '하나님의 얼굴'은 하나님의 실존을 수사적으
로 표현하는 말입니다. '나무 사이'는 정확히 한 나무 밑을 가리킵니
다. 나무가 한 그루로 묘사되고 있거든요. 아마 선악을 알게 하는 지
식 나무가 아니었나 생각됩니다. 선악과 따먹다가 숨을 나무가 거기
밖에 더 있겠어요? 그러니까 하나님은 얼굴을 들고 찾아오고 아담과
하와는 나무 밑에 숨고 있습니다. '부르시며 이르시되'라는 말에서

하나님의 입 모양 이미지와 하나님의 음성이라는 소리 이미지를 읽을 수도 있습니다. 아담을 부르셨다는 말에서, 사람의 이름을 부르는 친근한 하나님의 정서적 이미지가 느껴지지 않나요? 성경에서 하나님은 종종 사람의 이름을 친근하게 부르십니다. "사무엘아 사무엘아" "모세야 모세야" "엘리야야…… 엘리야야" "사울아 사울아" 이름을 부르신다는 것은 본질을 꿰뚫어 본다는 뜻이고 주인이라는 의미도 됩니다.

> "그 날에 큰 깊음의 샘들이 터지며 하늘의 창문들이 열려
> 사십 주야를 비가 땅에 쏟아졌더라……. 깊음의 샘들과 하늘
> 의 창문들이 닫히고 하늘에서 비가 그치매"(창 7:11; 8:2)

위의 구절들에서 어떤 이미지를 찾으셨나요? 노아 시대 홍수의 시작과 끝을 알리는 구절들입니다. 그래서 같은 이미지들이 두 번 나왔습니다. '큰 깊음의 샘'은 태곳적 물의 샘이라는 의미입니다. 창세기 1장을 보면 원래 땅은 물로 덮여 있었습니다. 그 물을 '깊음'(테홈)이라고 불렀습니다(창 1:2). 우주 탄생 과정에서 그 물의 절반은 하늘 위에 담겼고, 절반은 땅속으로 들어가거나 바다가 되었습니다. 그런데 땅속으로 들어갔던 물이 솟구쳐 올라오기 시작했다고 말합니다. 그리고 '하늘의 창문들'은 하늘에 벌집처럼 촘촘히 달린 창문들(아루보트)이라는 뜻입니다. 하늘은 태곳적 물을 담고 있는 거대한 저

수조인데, 창문들이 열리면서 마치 댐의 물이 쏟아져 나오듯이 하늘에서 비가 쏟아졌다는 겁니다. '사십 주야'는 문자적으로 '사십 낮과 사십 밤'을 가리킵니다. 40일 동안 쉴 틈 없이 비가 내렸다는 이야기입니다. 40이라는 숫자는 십진법에서 '완성'을 상징하는 단위 가운데 하나입니다. 그러니까 단순히 40일 동안 비가 왔다는 사실적 묘사를 넘어, 세상을 끝장내도록 비가 왔음을 강조하는 말이기도 합니다. 태곳적 물이 마치 우주 탄생 이전의 카오스 상태로 돌아가는 것 같았다는 표현입니다. 얼마나 무서웠으면 그렇게 말했을까요?

상징을 만드는 제목

어휘가 많지 않던 고대에서, 관념어 대신 그림 언어를 사용했다고 앞서 말씀드렸습니다. 그런데 그림 언어에 제목을 붙이는 수가 있었습니다. 그러면 그 그림은 이제부터 제목과 같은 의미가 됩니다. 물론 제목은 눈에 보이게 붙이지 않고 사회 구성원들의 암묵적인 동의 하에 붙여집니다. 어떤 것에 제목이 붙여지는 일반적 예를 들어 보겠습니다. 사진이나 그림 전시회를 가보면, 어떤 작품에는 제목이 붙여져 있습니다. 그러면 우리는 그 제목대로 감상하려고 애쓰게 되지요. 그것을 싫어하는 작가들은 아예 제목을 안 붙이기도 하는데, 소위 '무제'로 출품하는 겁니다. 작곡가들도 마찬가지라고 생각합니다. 대부분의 오페라 아리아에는 제목이 붙어 있고, 심포나 독주곡 등은 번호로만 표시합니다. 그런데 제목이 붙어 있으면 더욱 쉽게 작품 세계로 접근할 수가 있었습니다. 이처럼 상징은 바로 그림이나 곡의 제목과 같은 기능을 합니다. 특정한 단어가 고유한 의미를 갖게 되는 겁니다. 예를 들어 오른편과 왼편이 가치를 상징하는 단어로 사용되는 경우가 있습니다. 오른편은 우월한 것, 왼편은 열등한 것을 상징하는 것이지요. 오른손을 쓰는 사람이 더 많았던 사회에서 만들어진 상징 가운데 하나입니다. 양과 염소의 상징도 마찬가지입니다. 염소보다 양을 더 많이 치던 사회의 선호도를 보여줄 뿐입니다. 양이 우월하고 염소가 열등한 가축은 아닙니다. 예를 들어 하나님께 바치는 제물 중에 양이 제일 많습니다. 그렇지만 염소도 정결한 짐승이기 때문에 제물 목록에서 빠지지 않습니다. 성경 기록을 양가죽뿐만 아니라 염소 가죽에도 했습니다. 심지어 양과 염소를 뭉뚱그려 '양 떼'(쫀)라고 부르기도 했습니다. 양과 염소를 분리하는 것은 각자의 우리에 넣을 때입니다. 상징으로 사용하는 단어는 일상에서 눈에 보이는 모든 이미지를 사용했습니다. 대자연, 동물, 식물, 광물, 음식, 건물, 생활 도구, 신체, 사건, 숫자, 색깔, 날짜, 요일 등 다양합니다. 이를테면 빵과 포도주가 상징으로 사용될 때는 그냥 음식이 아니라 그리스도의 죽음에 대한 기억이 되는 것과 같습니다.

상징적인 단어를 읽을 때 주의할 점이 있습니다. 상징의 의미가 하나 이상일 수 있거든요. 예를 들어 뱀은 흔히 사탄의 상징으로 사용됩니다. 에덴동산에서 인류를 꾀어 금단의 열매를 먹게 만들었거든요. 하지만 치유와 장수의 상징이기도 합니다. 고대인들은 뱀이

허물 벗는 것을 보고 여러 번 태어나 산다고 생각했습니다. 지중해 일대에서 뱀은 치유의 상징이어서 이스라엘 백성들도 광야에서 독사에게 물렸을 때, 뱀 모양의 청동 조형물을 만들어 쳐다보고 치유받게 했습니다. 예수 그리스도는 제자들에게 대놓고 "뱀처럼 지혜로워라"라고 가르쳤습니다. 마찬가지로 광야의 상징도 양면성이 있습니다. 한편으로는 불모지라는 의미가 있고, 다른 한 편으로는 성숙을 위한 장소라는 의미도 있습니다. 히브리어로 읽으면 더 재미있습니다. 이스라엘 백성들은 광야(미드바르)에서 하나님의 말씀(다바르)을 들었습니다. 성숙을 위한 장소라는 의미만 있는 것이 아니라는 점에 유의했으면 좋겠습니다. 한국 교회가 너무 그쪽으로만 해석하는 것 같아 안타깝습니다. 하나님의 심판으로 파괴된 거주지를 상징하는 데도 자주 사용되었기 때문입니다. 상징의 양면성에 대한 또 하나의 예로 개를 들 수 있습니다. 일찍부터 개는 중동지방에서 양 치는 목자들의 훌륭한 조력자였습니다. 기원전 2000년대에 살았던 것으로 보이는 욥은, 양 치는 개의 쓸모에 관해 이야기했습니다. (욥 30:1) 그래서 개는 충성스러움의 상징이었습니다. 이스라엘 백성을 이끌고 가나안 땅에 들어간 지도자 갈렙의 이름도 '개'입니다. 하지만 개는 종교적으로 불결한 동물입니다. 왜냐하면 동물의 사체뿐만 아니라, 심지어 매장되지 못한 사람의 시체도 먹었기 때문입니다. 열왕기를 보면 이세벨의 장례를 치러주려고 했더니 개들이 먹고 머리와 손발만 남았다고 되어 있습니다. (왕하 9:34-37) 이처럼 개가 불결한 짐승에 속하기 때문에, 성경 시대에 이방인을 개라고 부르기도 했습니다.

난해한 상징은 아예 해석을 붙여 놓기도 했습니다. 예를 들면 누가 꿈을 꾸고 심란했는데 어떤 사람이 해석해주는 식입니다. 고대 세계에서 꿈을 해몽하는 사람은 높은 지위를 얻게 됩니다. 신이 내려준 계시를 해석할 줄 아니까, 신과 인간을 이어주는 사제라는 겁니다. 신정국가 혹은 신의 대리 통치를 표방하는 왕정국가에서 자주 일어났던 일입니다. 파라오의 꿈을 해석해주고 이집트의 국무총리가 된 요셉이 그런 경우입니다. 하룻밤에 파라오가 비슷한 꿈을 겹쳐 꾸었는데, 다른 사제들이 해석을 못 했습니다. 통통하게 살진 일곱 암소를 빼빼 마른 암소가 잡아먹는 꿈과 잘 익은 일곱 이삭을 속 빈 일곱 이삭이 잡아먹는 꿈이었다고 합니다. 요셉은 그 꿈이 무엇을 상징하는지 금세 알아차렸습니다. 일곱 해 풍년 뒤에 일곱 해 흉년이 온다는 의미였습니다. 꿈이 두 개인 것은 확실히 일어날 일에 대한 확증이라고 해석했습니다. 꿈속에 나온 7이라는 숫자와 두 개의 꿈이 말하는 2라는 숫자 역시 완전함을 상징하는 숫자들입니다. 창세기의 맥락 속에서 볼 때, 요셉이 파라오의 꿈을 해석하는 것도 하나의 상징입니다. 이스라엘 백성들이 이집트로 내려가 큰 민족을 이루게 된다는 것을 보여주는 겁니다. 꿈 해석의 예를 하나 더 들어보겠습니다. 바벨론 제국의 대왕 느부갓네살이 잊어버린 꿈을 되찾아 해석해주고 일약 국무총리가 된 다니엘이 있습니다. 느부갓네살은 거대한 신상 꿈을 꾸었습니다. 머리는 금, 가슴과 두 팔은 은, 배와 넓적다리는 동, 종아리는 철, 발은 철과 흙이 섞여 있는 모습이었습니다. 그리고 마지막에는 어디에서 돌이 날아와 그 신상을 쳐서 부숴버리는 꿈이었지요. 다니엘은 그 신상의 머리가 바벨론 제국이며, 그 뒤를 이어 바벨론 제국보다 못한 제국들이 일어나겠지만 모두 망하게 될 것이라고 해석했습니다. 다니엘서의 맥락에서 볼 때 느부갓네살이 꾼 꿈은 포로로 끌려온 유다 백성들에게 소망을 갖게 하는 상징이죠.

꿈이나 환상을 통해 주어지는 상징을 천사나 하나님이 해석하기도 합니다. 요한계시록에 나오는 환상 속 상징들은, 천사가 요한에게 해석해주는 방식으로 소개됩니다. 구약시대의 예언자들은 환상을 많이 보았는데, 환상이 상징하는 의미를 하나님이 직접 해석하십니다. 진짜 어려운 상징은 해석이 붙어 있지 않고, 상징 같아 보이지 않은 것들입니다.

★ 함께 상징을 읽어 볼까요? ★

"말일에 여호와의 전의 산이 모든 산꼭대기에 굳게 설 것이요 모든 작은 산 위에 뛰어나리니 / 만방이 그리로 모여들 것이라"(사 2:2)

예언자 이사야가 먼 훗날 일어날 일을 예언한 구절입니다. 여기서

편의상 (/) 표시한 곳을 중심으로 문장이 나누어집니다. 앞의 문장은 상징이고 뒤의 문장은 해석이 되는 거죠. 대부분의 상징은 앞이나 뒤에 해석이 붙어 있습니다. 전체적인 의미는 성전산이 다른 산들 위에 있게 될 것이며, 여러 민족이 그리로 모여든다는 이야기입니다. 여기서 성전산은 성전이 세워진 예루살렘 모리아 언덕을 말하는데, 나중에는 그냥 성전산이라고 불렸습니다. 그리고 뒤이어 나오는 '모든 산' 혹은 '모든 작은 산'은 다른 나라의 신전들이 있는 산을 가리킵니다. 고대에는 이처럼 모두 높은 산에 신전을 지었습니다. 직설법으로 읽으면 성전이 있는 산의 고도가 제일 높은 것처럼 보입니다. 하지만 해발 800m 정도의 성전산이 세상에 있는 어떤 신전의 산보다 높을 수는 없습니다. 당연히 이것은 해발 고도를 의미하지 않고 성전 유대교의 위상을 보여줍니다. 그걸 말하려고 '모든 산꼭대기에' '모든 작은 산 위에 뛰어나다'라고 표현했습니다. 여기서 사용된 산의 이미지는 신전이 세워지는 자리를 상징합니다. 고대인들은 하늘과 땅을 이어주는 산이 땅에 있는 인간에게 신을 만나게 해주는 신성한 곳으로 생각했습니다. 아브라함은 하나님께 시험받기 위해 모리아 산으로 갔고 모세가 하나님의 부르심을 받은 곳이나 십계명을 받은 곳도 시내산입니다. 예수 그리스도도 산 위에서 제자들을 가르쳤습니다. 위의 구절에서 '모든 민족이 그리로 모여든다'라는 말은 유대교로 개종하게 된다는 의미입니다. 그다음 절을 읽어 보면 구체적인 내용들이 나와요. 결국 먼 훗날 모든 사람이 여호와 하나님 믿는 신앙을 최고로 쳐주게 될 것이라는 의미입니다.

> "또 흰 돌을 줄 터인데 그 돌 위에 새 이름을 기록한 것이 있나니 받는
> 자 밖에는 그 이름을 알 사람이 없느니라"(계 2:17)

소아시아의 버가모(페르가몬) 교회에 주는 약속 가운데 한 구절입니다. 여기서 충성스러운 신자들이 구원받게 될 것을 '흰 돌에 이름을 새겨준다'라는 상징적인 말로 표현했습니다. 돌은 잘 부서지거나 변질되지 않아서 영속성을 상징하는 사물입니다. 그래서 신의 말씀을 새기기 위해 주로 돌을 사용했습니다. 모세가 십계명 두 돌 판을 받은 것이 대표적인 예가 됩니다. 색깔이 희다는 것은 새긴 글씨가 잘 보이게 하도록 바른 석회를 의미합니다. 그런 이유로 모세는 여호수아에게 하나님의 말씀을 새기도록 돌에 석회를 바르라고 했습니다.(신 27:2, 4) 위의 구절에서 돌 위에 새긴 이름은 구원받은 사람의 새 이름으로 보입니다. 받는 자 밖에는 아무도 그 이름을 알 수 없다고 했으니 하나님과 본인만 아는 이름이라는 겁니다. 남들이 알 수 없는 이름이라는 것은 해를 끼칠 수 없는 이름이라는 의미입니다. 박해 상황에서 이름이 노출되지 않으면 그만큼 안전했으니까요.

비유가 되는 그림 연결

비유는 두 개의 이미지를 나란히 놓아 설명하는 것을 말합니다. 가장 흔히 볼 수 있는 경우가 "~은 ~과 같다"라거나 "~은 ~이다"라는 식의 문장입니다. '(무엇)의 (무엇)' 혹은 아예 은유적으로 '무엇'이라고 말하기도 합니다. 비유가 많이 사용된 성경은 욥기, 시편, 잠언, 전도서, 아가처럼 성문서 장르에 속하는 책들입니다. 물론 성경 전체에서 폭넓게 사용됩니다. 성경 시대 사람들의 말하는 방식이었습니다. 아마 하나님에 대한 비유가 가장 많지 않나 생각됩니다. 새끼를 보호하는 새, 토기장이, 목자, 재판관, 전사, 왕, 구속자, 아버지 등 다양합니다. 비유는 대개 해석과 함께 주어집니다. 예를 들어 "다투는 시작은 둑에서 물이 새는 것 같은즉 싸움이 일어나기 전에 시비를 그칠 것이니라"(잠 17:14)와 같은 속담입니다. 속담은 대개 앞의 문장에 비유가 오고, 뒤의 문장에 해석이 붙습니다. 애초에 하고 싶었던 말은 뒤의 문장이고, 앞의 문장은 그것과 어울리는 이미지입니다. 이 속담은 둑에서 물이 새기 시작할 때 막지 못하면, 나중에는 손 쓸 수 없게 되는 그림으로 가르침을 주고 있습니다. 시비가 일어나기 시작할 때 그만두어야 한다는 것입니다. 우리도 그런 경험 한 두 번은 다 있습니다. 하지만 비유를 읽을 때 주의할 점이 있습니다. 하나의 비유에는 하나의 의미가 들어 있다는 사실입니다. 처음부터 말하려고 했던 주제는 하나였거든요. 예를 들어 "갑옷 입는 자가 갑옷 벗는 자처럼 자랑하지 못한다"(왕상 20:11)라는 속담이 있습니다. 전투하러 나가는 사람이 전투에서 돌아온 사람 앞에 무용담을 늘어놓으면 안 되는 것처럼, 아무 데나 자랑을 떠벌리지 말라는 의미이지요. 자기보다 더 경험과 지식이 많은 사람이 있을지 모르니까요. 피투성이 갑옷을 벗는 군인과 깨끗한 새 갑옷을 입고 있는 군인의 이미지를 나란히 놓아 겸손을 가르치고 있습니다. 여기에 다른 의미는 들어 있지 않습니다.

★ 함께 비유를 읽어 볼까요? ★

"복 있는 사람은 악인들의 꾀를 따르지 아니하며 죄인들의 길에 서지 아니하며

오만한 자들의 자리에 앉지 아니하고(1)

오직 여호와의 율법을 즐거워하여 그의 율법을 주야로 묵상하는도다(2)

그는 시냇가에 심은 나무가 철을 따라 열매를 맺으며 그 잎사귀가 마

르지 아니함 같으니

그가 하는 모든 일이 형통하리로다(3)

악인들은 그렇지 아니함이여

오직 바람에 나는 겨와 같도다(4)

그러므로 악인들은 심판을 견디지 못하며

죄인들이 의인들의 모임에 들지 못하리로다(5)

무릇 의인들의 길은 여호와께서 인정하시나(6)

악인들의 길은 망하리로다"(시 1: 1-6)

여섯 행으로 이루어진 이 시에는 두 개의 비유가 서로 대조를 이루고 있습니다. 먼저 '시냇가에 심은 나무'와 '바람에 나는 겨'의 대조입니다. '의인들의 길'과 '악인들의 길'도 대조가 됩니다. 이들 비유에서 어떤 이미지가 사용되었을까요? 먼저 시냇물은 샘과 경작지를 연결하는 수로를 가리킵니다. 비가 올 때만 흐르는 건천(와디)과 달리, 수로는 물이 항상 흘러 주변 식물들에게 생명을 공급합니다. 그 물 흐르는 이미지가 '여호와의 율법을 주야로 묵상'하는 이미지와 오버랩 됩니다. 여기서 묵상이라는 단어는 읊조린다는 뜻이지요. 이렇게 율법을 밤낮으로 읊조리는 소리를 시냇물이 밤낮으로 흐르는 소리에 비유했습니다. 그러니까 율법은 복 있는 사람에게 생명을 공급하고, 시냇물은 나무에 생명을 공급합니다. '바람에 나는 겨'는 알곡과 분리된 껍질이 타작마당 공중에서 날려가는 이미지를 담고 있습니다. 성경에서 타작마당은 심판을 상징하고, 알곡과 겨의 분리는 구원과 멸망을 나타냅니다. 1절에서 복 있는 사람은 악한 사람들과 분리되어 살고 있었으니, 5절에서 최종적으로 그들과 분리되는 것이 자연스럽습니다. 6절에 나오는 두 종류의 '길'은 두 종류의 '삶의 방식'에 대한 비유입니다. 의인에게는 여호와가 주신 방식이 있고, 악인들에게는 스스로 만든 방식이 있는 것이죠.

다윗이 쓴 시편 하나에서 비유를 찾아보겠습니다.

> "여호와는 나의 목자시니 내게 부족함이 없으리로다(1)
>
> 그가 나를 푸른 초장에 누이시며
>
> 쉴 만한 물가로 인도하시는도다(2)
>
> 내 영혼을 소생시키시고
>
> 자기 이름을 위하여 의의 길로 인도하시는도다(3)
>
> 내가 사망의 음침한 골짜기로 다닐지라도 해를 두려워하지 않을 것은
>
> 주께서 나와 함께 하심이라
>
> 주의 지팡이와 막대기가 나를 안위하시나이다(4)
>
> 주께서 내 원수의 목전에서 내게 상을 차려주시고
>
> 기름을 내 머리에 부으셨으니 내 잔이 넘치나이다(5)
>
> 내 평생에 선하심과 인자하심이 반드시 나를 따르리니
>
> 내가 여호와의 집에 영원히 살리로다(6)"(시 23:1-6)

6행으로 이루어진 이 시에서 저자는 여호와를 목자에 비유하고 있습니다. 양과 목자는 이스라엘에서 가장 흔한 이미지였습니다. 1절에는 비유와 해석이 함께 들어 있습니다. 여호와를 목자에 비유한 이유를 설명합니다. 2절부터 5절까지는 여호와의 양으로서 저자가 어떻게 돌봄을 받는지 비유적으로 설명하고 있습니다. 이 시에서 3절의 '영혼'은 '목숨'으로, '의의 길'은 '올바른 궤도'로 번역될 수 있습니다. 마찬가지로 4절의 '사망의 음침한 골짜기'는 '사망처럼 캄캄한 골짜기'로 번역이 가능합니다. 70년대 가수 윤형주 씨의 번안 가요 〈두 개의 작은 별〉에 나오는 '밤같이 까만 눈동자'와 같은 비유입니다. 6절의 '영원히'는 '오래도록'으로, '거하리로다'는 '돌아가리로다'로 번역할 수 있습니다. 이 시를 자세히 읽어 보면 양과 목자가 초장을 따라 이동하는 모습을 발견할 수 있습니다. 푸른 초장 쉴 만한 물가로 갔다가, 사망의 음침한 골짜기를 통과해서, 원수의 눈 앞에서 식사를 하고, 마지막에는 목자와 더불어 집으로 돌아옵니다. 이런 여행 이미지는 4절에서 '의의 길'을 '올바른 궤도'로, 6절에서 '거하리로다'를 '돌아가리로다'로 번역할 수 있는 배경이 됩니다. 집을 떠나 초장으로 갔다가 다시 집으로 돌아오는 궤도 여행을 평생 이어가는 이미지이기 때문입니다. 즉, 여호와의 집에서 출발해서 다시 여호와의 집으로 돌아오는 순례 여정에 대한 비유로 볼 수 있습니다. 6절에서 '영원히'를 '오래도록'으로 번역할 수 있는 것은, 같은 문장 앞부분에서 '내 평생에'라는 말과 평행이 되기 때문입니다. 히브리어 원문을 직역하면 '오랜 날들 동안'이 되어, 우리가 생각하는 무한대 시간의 개념이 아닌 것을 알 수 있습니다. 참고로 이 시에서 동원된 '목자의 지팡이와 막대기'는 양을 위험에서 건져주는 도구이고, '머리에 기름 바르기'는 초파리와 같은 해충으로부터 양의 호흡기를 지키기 위한 예방 조처입니다. 그것들이 무엇에 대한 비유인지 이 시에서 구체적으로 알 길은 없습니다.

이미지에 스토리 입혀 우화 만들기

우화는 어떤 주제를 가르치기 위해 이미지에 스토리를 입힌 것입니다. 대개는 기승전결의 구조로 되어 있습니다. 가끔 공동체 바깥의 사람이 알아듣지 못하도록 진리를 숨기기도 합니다. 소위 비유 전달 방식의 교육인데, 예수 그리스도도 종종 그런 식으로 가르쳤습니다. "이르시되 하나님 나라의 비밀을 너희에게는 주었으나 외인에게는 모든 것을 비유로 하나니"(막 4:11)라고 한 것과 같아요. 그리고 어떤 우화는 해석을 곁들였지만, 대부분 우화는 앞뒤 문맥에서 누구를 겨냥했는지 정도만 암시하죠. 그걸 근거로 우화의 의미가 무엇인지 유추할 수밖에 없습니다. 어떻게 보면 어려운 것 같지만, 다양한 해석이 가능하다는 점에서 열린 교육이라고도 할 수 있습니다. 총으로 비유하자면, 총알 여러 개가 넓게 흩어지는 산탄총과 같다고 할까요? 그런데 우화의 최대 매력은 의표를 찌르는 데 있습니다. 이야기가 청중들이 기대하는 방향과 다른 쪽으로 갑니다. 뻔하게 끝날 것 같은 스토리에 반전이 더해지면서 청중들이 혼란에 빠집니다. 낯설게 하기를 통해 진실을 보도록 하는 겁니다. 예를 들면 부자와 나사로 우화에서 거지 나사로가 낙원에 갑니다. 한술 더 떠서 부자가 지옥에 갑니다. 청중들은 모두 부자가 낙원에 갈 거로 생각했을 겁니다. 왜냐하면 부자는 하나님께 복 받은 자니까요. 청중들은 혼란의 소용돌이에 빠집니다. 그리고 이생에 남겨진 가족을 향한 부자의 요청이 거절됩니다. 그렇게 충격 속에 스토리가 끝납니다. 청중들은 말문이 막혀 질문조차 못 하게 됩니다.

★ 함께 우화를 읽어 볼까요? ★

"이에 일어나서 아버지께로 돌아가니라 아직도 거리가 먼데 아버지가 그를 보고 측은히 여겨 달려가 목을 안고 맞추니 아들이 이르되 아버지 내가 하늘과 아버지께 죄를 지었사오니 지금부터는 아버지의 아들이라 일컬음을 감당하지 못하겠나이다 하나 아버지는 종들에게 이르되 제일 좋은 옷을 내어다가 입히고 손에 가락지를 끼우고 발에 신을 신기라 그리고 살진 송아지를 끌어다가 잡으라 우리가 먹고 즐기자 이 내 아들은 죽었다가 다시 살아났으며 내가 잃었다가 다시 얻었노라 하니 그들이 즐거워하더라 맏아들은 밭에 있다가 돌아와 집에 가까이 왔을 때 풍악과 춤추는 소리를 듣고 한 종을 불러 이 무슨 일인가 물은대 대답하되 당신의 동생이 돌아왔으매 당신의 아버지가 건강한 그

를 다시 맞아들이게 됨으로 인하여 살진 송아지를 잡았나이다 하니 그
가 노하여 들어가고자 하지 아니하거늘 아버지가 나와서 권한대 아버
지께 대답하여 이르되 내가 여러 해 아버지를 섬겨 명을 어김이 없거
늘 내게는 염소 새끼라도 주어 나와 내 벗으로 즐기게 하신 일이 없더
니 아버지의 살림을 창녀들과 함께 삼켜 버린 이 아들이 돌아오매 이
를 위하여 살진 송아지를 잡으셨나이다 아버지가 이르되 얘 너는 항상
나와 함께 있으니 내 것이 다 네 것이로되 이 네 동생은 죽었다가 살아
났으며 내가 잃었다가 얻었기로 우리가 즐거워하고 기뻐하는 것이 마
땅하다 하니라"(눅 15:20-32)

반전에 반전이 끊임없이 이어지는 우화입니다. 아버지가 멀쩡히
살아 있는데 아들이 상속권을 행사하는 것도 충격이고, 그 아들이
돌아온다고 아버지가 환영 잔치를 열어주는 것도 충격이고, 아버지
가 죽은 후 남은 재산을 다 차지할 장남이 불평하는 것도 충격입니
다. 배경을 알면 충격은 더 커집니다. 집 나간 아들은 상속권을 현금
화하는 과정에서 헐값에 팔아넘겼을 것입니다. 고대 세계에서 윗사
람이 먼저 아래 사람에게 달려가 인사하는 법이 없습니다. 더구나
아버지 생전에 상속권을 행사하고, 헐값에 팔아 탕진한 아들을 위해
잔치를 열어주다니 말입니다. 장남은 더 가관입니다. 자신의 몫으
로 정해진 재산 일부를 아버지가 사용한다고 분노했거든요. 아마도
청중들은 두 아들의 행동에 분노하고 탄식했을 것입니다. 어쩌면 그
아버지가 정신이 좀 이상하게 되었다고 생각했을 수도 있습니다. 집

나간 아들이 돌아왔을 때 벌을 주어야 했고, 큰아들이 불평했을 때 꾸짖어야 했기 때문입니다. 두 아들의 태도도 대조적인데, 집 나갔던 아들은 아버지의 환대에 몸 둘 바를 몰라 했고, 큰아들은 아버지를 불손하게 대했습니다. 결과만 놓고 보면 큰아들이 죄인이고, 집 나갔던 아들이 의인입니다. 한마디로 스토리가 기대하는 것과 반대 방향으로 흘러갑니다. 이 우화에서 큰아들과 작은아들이 누구를 가리키는지 명확하지 않습니다. 기독교인들은 큰아들을 유대인으로, 작은아들을 예수 믿는 이방인들로 해석하기 좋아합니다. 그보다 더 타당한 추론은 큰아들을 당시 종교적으로 흠 없이 행동했던 유대인들로, 작은아들을 당시 기준으로 공동체에서 받아줄 수 없던 유대인들로 보는 것입니다. 물론 하나의 정답만 있는 것은 아니겠지요. 만약 후자의 해석대로라면 이 우화는 기성 종교인들을 화나게 했을 것이 틀림없습니다.

또 하나의 우화를 읽어 보겠습니다.

"또한 제자들에게 이르시되 어떤 부자에게 청지기가 있는데 그가 주인의 소유를 낭비한다는 말이 그 주인에게 들린지라 주인이 그를 불러 이르되 내가 네게 대하여 들은 이 말이 어찌됨이냐 네가 보던 일을 셈하라 청지기 직무를 계속하지 못하리라 하니 청지기가 속으로 이르되 주인이 내 직분을 빼앗으니 내가 무엇을 할까 땅을 파자니 힘이 없고 빌어 먹자니 부끄럽구나 내가 할 일을 알았도다 이렇게 하면 직분을 빼앗긴 후에 사람들이 나를 자기 집으로 영접하리라 하고 주인에게 빚진 자를 일일이 불러다가 먼저 온 자에게 이르되 네가 내 주인에게 얼마나 빚졌느냐 말하되 기름 백 말이니이다 이르되 여기 네 증서를 가지고 오십이라 쓰라 하고 또 다른 이에게 이르되 너는 얼마나 빚졌느냐 이르되 밀 백석이니이다 이르되 여기 네 증서를 가지고 팔십이라 쓰라 하였었는지라 주인이 이 옳지 않은 청지기가 일을 지혜 있게 하였으므로 칭찬하였으니 이 세대의 아들들이 자기 시대에 있어서는 빛의 아들들보다 더 지혜로움이니라 내가 너희에게 말하노니 불의의 재물로 친구를 사귀라 그리하면 그 재물이 없어질 때에 그들이 너희를 영주할 처소로 영접하리라"(눅 16:1-9)

쉽게 이해가 안 되는 우화 가운데 하나입니다. 동방예의지국에서 살아온 우리네 정서와 사뭇 결이 다르기 때문입니다. 하지만 불의한 청지기의 약삭빠른 행동은 중동지방에서 칭찬받을 지혜에 속합니다. 절망적인 상황에 처한 사람이 사는 길은, 상대방의 허점을 파고드는 데 있으니까요. 해고를 통보했던 주인조차 칭찬할 수밖에 없었던 이유입니다. 아브라함이 목숨을 부지하려고 자기 아내를 누이라고 속인 것이나, 조카 롯을 구하기 위해 하나님께 간청하는 과정에서 교묘하게 에누리하는 것도 같은 지혜입니다. 같은 원리로 미슈나에서는 랍비들이 대놓고 십일조 절감하는 법을 가르치기도 했습니다. 이 우화에 나오는 '빛의 아들들'은 쿰란 공동체가 자신들을 가리키는 용어였습니다. 그들은 공동체 밖의 사람들을 '어둠의 자식들'로 부르면서, 어떤 관계도 맺지 않았습니다. 시장에서 통용되는 화폐는 '불의의 재물'로 간주해서 사용하지도 않았습니다. 결국 그들은 기원 후 70년 예루살렘이 함락되기 전 로마 군대에 의해 종말을 맞았습니다. 그리스도의 가르침처럼 그들을 곤경에서 건져줄 친구는 없었습니다. 위의 우화가 주는 교훈은 살아남기 위해 미래를 대비하는 지혜를 발휘하라는 것입니다. 다소 과격해 보이지만 대의명분보다 실리를 취하는 태도가 돋보이는 우화입니다.

운율 사용

성경 저자들의 운율 사용법

성경 대부분은 오랫동안 입에서 입으로 전해졌습니다. 그렇게 전달되는 과정에서, 청중들이 이해하고 기억하기에 최적화된 형태로 다듬어졌습니다. 마치 시냇가의 돌들이 물살에 깎여 둥글어지는 것과 같았습니다. 운율은 적절한 길이로 읽기와 멈춤을 반복하거나, 비슷한 단어나 발음을 반복할 때 생겨납니다. 리듬을 따라 읽으면 심장박동과 잘 어울려 듣기에도 편합니다. 랩 음악을 들을 때 자기도 모르게 빠져드는 것과 같은 이치입니다. 그 리듬에 높낮이가 더해지면 운율이 완성됩니다. 운율을 품고 있는 운문만 하더라도 구약성경의 3분의 1이나 됩니다. 시편과 아가서가 대표적인 책들이며, 그 외에 예언서들과 욥기, 잠언, 전도서와 같은 지혜문학 책들입니다. 그리고 운문처럼 짧고 강렬하지는 않지만, 산문에도 여러 방식으로 운율이 들어 있습니다. 주로 이야기체로 된 역사서들인데요, 깜짝 놀랄 정도로 정교한 운율을 사용하고 있습니다. 산문 속에 시 형태의 운문이 들어 있기도 합니다. 운문과 산문을 통틀어서 운율을 만드는 가장 단순한 방법은 같은 단어와 문장을 반복하는 것입니다. 예를 들어 시편 136편은 "……에게 감사하라, 그 인자하심이 영원함이로다"라는 문구를 반복합니다. 같은 구절이나 문장을 단락의 시작과 끝에 놓는 수미쌍관inclusion 방식도 있습니다. 대부분 시를 강렬하게 어필하기 위해 사용됩니다. 예를 들어 시편 8편이 "여호와 우리 주여 주의 이름이 온 땅에 어찌 그리 아름다운지요"(1)로 시작해서, "여호와 우리 주여 주의 이름이 온 땅에 어찌 그리 아름다운지요"(9)로 끝나거나, 시편 103편이 "내 영혼아 여호와를 송축하라"(1)로 시작해서 "내 영혼아 여호와를 송축하라"(22)로 끝나는 것과 같습니다.

거기서 조금 발전하면 비슷한 발음의 단어들을 나란히 놓아 운율을 만듭니다. "그 날에 내가 이스르엘 골짜기에서 이스라엘의 활을 꺾으리라 하시니라"(호 1:5)처럼 언어유희 방식입니다. 이 문장에서 이스르엘과 이스라엘이라는 음운 반복을 통해 운율을 만들고 있습니다. 한글 번역에서는 뉘앙스가 제대로 살아나지 않지만, 비슷한 발음의 '자손'(바님)과 '돌들'(에바님)이라는 단어를 가지고 운율을 만들수도 있습니다. "하나님이 능히 이 돌들(에바님)로도 아브라함의 자손(바님)이 되게 하시리라"(마 3:9)라는 식입니다. 비슷한 예로 예언자 미가는 전쟁의 참화를 겪게 될 도시들의 이름으로 운율을 만들었습니다. "가드(알림)에 고하지 말며, 베들레아브라(먼지의 집)에서 먼지에 뒹굴지어다. 사빌(아름다운 도시)에서는 벗은 몸에 수치를 무릅쓰고 나갈지어다. 사아난(진군)의 거민은 진군하지 못하고, 벧에셀(이웃 집)에는 의지할 곳이 없으며, 마롯(괴로움) 거민은 근심 중에 복을 바라고, 라기스(준마) 거민은 준마에 병거를 메워라. 가드모레셋(가드의 소유물)에 작별하는 예물을 줄지어다. 악십(속임)의 거민들이 이스라엘 왕들을 속일 것이다. 마레사(상속) 거민은 다른 사람이 상속할 것을 알며, 이스라엘의 영광이 아둘람(영광)까지 이르게 될 것이다"(미 1:10-15) 아예 같은 단어를 반복해서 운율을 만들기도 합니다. "여호와께서 그들에게 말씀하시되 경계에 경계를 더하며 경계에 경계를 더하며 교훈에 교훈을 더하며 교훈에 교훈을 더하고 여기서도 조금, 저기서도 조금 하사 그들이 가다가 뒤로 넘어져 부러지며 걸리며 붙잡히게 하시리라"(사 28:13) 우리 문화에도 이런 유의 말장난이 있습니다. "간장 공장 공장장은 장 공장장이고, 된장 공장 공장장은 공 공장장이다" "저 건너편의 콩깍지는 깐 콩깍지인가 안 깐 콩깍지인가"

운율을 만드는 또 하나의 방법은 끊어 읽기입니다. 끊어 읽기는 띄어쓰기보다 조금 더 긴 단위라고 생각하시면 됩니다. 띄어 쓴 단어 여러 개를 붙여 읽는 겁니다. 아주 오래전 구약성경에는 끊어 읽기를 위한 문장 표시가 없었습니다. 그러다가 기원후 7~8세기에 유대인 마소라Masorah 학자들이 모음 체계와 분리-연결 악센트를 만들어 끊어 읽기가 가능하게 되었습니다. 히브리어 성경에서 단어 아래위로 찍혀 있는 작은 부호들이 모음과 악센트 표시입니다. 그 역량을 따라 끊어 읽으면 운율을 타면서 의미와 강세 등을 파악할 수 있습니다. 그러니까 구약성경 전체에 역량과 모음 표시를 했다는 것은, 어떤 본문을 읽더라도 운율을 밟을 수 있게 했다는 이야기가 됩니다. 창세기 1장의 창조 이야기 몇 구절을 예로 들어 보겠습니다. 부호 (/)는 숨표, (//)는 마침표라고 생각하시면 됩니다. (//) 표시는 마침표 기능 외에 앞뒤 문장을 대등하게 나누는 역할도 합니다. 여기서는 운율을 보여 드리기 위해 한글 어순이 아닌 히브리어 어순을 따라 직역했습니다.

1절 태초에 / 하나님이 창조하시니라 // 하늘을 / 그리고 땅을 //

2절 그런데 땅은 혼돈하고 공허하며 / 흑암이 깊음 위에 있고 // 하나님의 영은 운행하시니라 / 수면 위에 //

3절 하나님이 이르시되 / 빛이 있으라 // 그러자 빛이 있었다 //

4절 하나님이 보셨다 / 그 빛이 좋음을 // 그래서 하나님이 나누셨다 / 빛과 어둠 사이를 //

5절 하나님이 빛을 낮이라 부르시고 / 어둠을 밤이라 부르시니라 // 저녁이 있었고 / 아침이 있었다 // 한 날 //

성경 저자들은 운율을 만들기 위해 정형률을 사용했습니다. 각 행을 3단어 + 3단어로 맞추는 식입니다. 우리나라의 전통 시조 형식이 3+3+4+4 혹은 3+4+3+4의 리듬을 타는 것과 같았습니다. 그런 정형 률을 잘 보여주는 노래가 애가입니다. 애가로 번역된 히브리어 '키나'는 바로 3단어+2단어 방식의 변칙적 운율을 가리키는 말이었습니다. 예를 들면 "내 눈이 / 눈물로 / 약해지며 + 내 창자가 / 쏟아져 나오며"(2:11) "나의 살과 / 가죽을 / 쇠하게 하시며 + 나의 뼈들을 / 꺾으셨고"(3:4)와 같은 운율입니다. 마치 노랫말이 중간에 잘려 나간 느낌입니다. 이런 운율을 사용함으로써, 수명을 다하지 못하고 죽은 사람을 슬퍼하는 것 같은 느낌을 줍니다. 안타깝게도 한글 성경은 행구분 없이 번역했지만, 히브리어 본문은 매절이 3행으로 되어 있습니다. 3행으로 되어 있는 애가를 소개하기 위해 히브리어 성경에서 직역했습니다.

1절
어찌하여 백성이 많았던 그 성이 홀로 앉아 있는가 /
어찌하여 과부가 되었는가 /
많은 민족의 큰 자 열방의 공주가 강제노역자가 되었나 //

2절
그녀가 정녕 밤에 울고 또 울어 눈물로 뺨을 적셔도 /
그녀의 모든 연인들 중에 위로자가 없고 //

그녀의 친구들이 모두 배신하여 원수가 되었다 //

3절

유다가 환난과 고역 때문에 포로 되어 갔다 /

열방에서 살며 쉴 곳을 찾지 못한다 //

그녀를 쫓는 모든 자들이 궁지에 몰린 그녀를 잡았다 //

4절

시온으로 가는 길이 통곡하는 것은 명절에 찾아오는 자들이 없기 때문이다 /

그녀의 모든 성문이 황폐하고 그녀의 제사장들이 탄식한다 //

그녀의 처녀들이 슬퍼하니 그녀가 쓰라림에 잠겼다 //

운율의 완성, 평행법

　평행법parallelism이란 두 개 이상의 문장을 대칭되게 해서 운율을 만드는 방식인데, 대구법이라고도 합니다. 발음이 다르면서 뜻이 비슷한 단어를 반복하거나, 발음은 비슷하지만, 뜻이 반대인 단어를 나란히 놓는 식입니다. 그렇게 생각과 생각, 단어와 단어, 이미지와 이미지, 행과 행을 대치시켜 마치 대화하듯 주제를 힘 있게 표현합니다. 반복 청취가 불가능했던 고대에서, 메시지를 청중들에게 효과적으로 전달하는 방식이었습니다. 앞 장에서 이미지를 나란히 놓아 비유 만드는 것을 생각했는데, 그 이미지 언어가 운율을 타게 됩니다. 예수 그리스도의 가르침에서도 평행법을 어렵지 않게 발견할 수 있습니다. 예를 들어 "너희가 비판하는 그 비판으로 너희가 비판을 받을 것이요, 너희가 헤아리는 그 헤아림으로 너희가 헤아림을 받을 것이니라"(마 7:2)라는 문장을 들 수 있습니다. 여기서 '비판'과 '헤아림'이 발음은 다르지만 비슷한 의미로 평행이 됩니다. "어찌하여 형제의 눈 속에 있는 티는 보고, 네 눈 속에 있는 들보는 깨닫지 못하느냐"(마 7:3)라는 문장도 마찬가지입니다. '눈 속'이라는 단어와 연결된 '티'와 '들보'가 대조적 의미로 평행이 됩니다. "멸망으로 인도하는 문은 크고 그 길이 넓어 그리로 들어가는 자가 많고, 생명으로 인도하는 문은 좁고 길이 협착하여 찾는 자가 적음이라"(마 7:13, 14)도 마찬가지입니다. '생명으로 인도하는 문과 길'과 '멸망으로 인도하는 문과 길'이 대조적 의미의 평행구가 되죠. 이런 구절들은 그리스도의 가르침이 처음부터 글로 작성된 것이 아니란 말로 전달되었던 것임을 알게 해줍니다.

성경에서 사용된 평행법의 종류들을 소개해 봅니다.

동의 평행법Synonymous Parallelism

첫 번째 행의 개념을 두 번째 행에서 다른 단어를 사용하여 반복합니다. 두 행이 같은 의미이기 때문에 동의 평행법이라고 합니다.

"하늘이 하나님의 영광을 선포하고

궁창이 그 손으로 하는 일을 나타내는도다"(시 19:1)

여기서 '하늘'과 '궁창' 그리고 '하나님의 영광'과 '그 손으로 하는 일', '선포하고'와 '나타내는도다'가 같은 의미의 평행 단어들입니다. 그렇게 해서 광대한 우주를 통해 창조주의 위대하심을 묘사합니다.

"만민들아 이를 들으라

세상의 거민들아 귀를 기울이라"(시 49:1)

여기서 '만민'과 '세상의 거민' 그리고 '이를 들으라'와 '귀를 기울이라'가 평행이 됩니다. 하나님의 진리는 세상 모든 사람이 따를 법칙이라는 사실을 강조합니다.

"그러나 패역한 자와 죄인은 함께 패망하고

여호와를 버린 자도 멸망할 것이라"(사 1:28)

여기서는 '패역한 자와 죄인'과 '여호와를 버린 자'가 평행이 되고, '패망하고'와 '멸망할 것이라'가 평행이 됩니다. 그러니까 죄인은 여호와를 떠난 자이며 심판의 날에 구원받지 못할 것을 예고하고 있습니다.

반의 평행법 Antithetic Parallelism

두 번째 행이 첫째 행과 대조가 됩니다.

"풀은 아침에 꽃이 피어 자라다가
저녁에는 벤 바 되어 마르나이다"(시 90:6)

여기서 '아침'과 '저녁' 그리고 '꽃이 피어'와 '벤 바 되어' 그리고 '자라다가'와 '마르나이다'가 반의적으로 평행이 됩니다. 이런 방식의 대조를 통해 '풀'과 '꽃'으로 상징되는 인생의 덧없음을 묘사합니다.

"유순한 대답은 분노를 쉬게 하여도
과격한 말은 노를 격동하느니라"(잠 15:1)

'유순한 대답'과 '분노를 쉬게 함' 그리고 '과격한 말'과 '노를 격동함'이 반의적으로 평행이 됩니다. 결국 이런 대조를 통해 비폭력 대화의 중요성을 강조하고 있습니다.

종합 평행법 Synthetic Parallelism

두 번째 행이 첫째 행에 새로운 개념을 더해 논리적인 결론을 끌어냅니다. 대개 '왜'라는 질문을 제기할 수 있고, 두 번째 행이 개념을 완성합니다.

"여호와께 감사하라

그는 선하시며 그 인자하심이 영원함이로다"(시 107:1)

위의 시 첫째 행은 여호와께 감사할 것을 명령하고, 둘째 행은 감사해야 할 이유를 설명합니다.

"세상의 군왕들이 나서며 관원들이 서로 꾀하여

여호와와 그 기름 받은 자를 대적하며"(시 2:2)

이 시의 첫째 행은 여러 통치자의 모의를, 둘째 행은 그 모의의 목적을 설명합니다.

상징 평행법Emblematic Parallelism

한 행은 직설적인 서술이고, 다른 행은 수사적 표현이며, 직유와 은유를 많이 씁니다.

"이는 하늘이 땅에서 높음같이

그를 경외하는 자에게 그 인자하심이 크심이로다"(시 103:11)

이 시의 첫째 행은 비유이고, 둘째 행은 그 비유에 대한 해석입니다.

"사람의 영혼(숨결)은 여호와의 등불이라

사람의 깊은 속을 살피느니라"(잠 20:27)

이 잠언 역시 첫째 행은 비유이고, 둘째 행은 그 비유에 대한 해석입니다.

점층 평행법Climatic Parallelism

동의 평행법과 종합 평행법을 합친 것입니다. 개념이 반복되면서 점점 심화하는 것이 특징이죠.

"너희 권능 있는 자들아

영광과 능력을 여호와께 돌리고 돌릴지어다

여호와의 이름에 합당한 영광을 돌리며

거룩한 옷을 입고 여호와께 경배할지어다"(시 29:1-2)

이 시의 첫째 행에서는 여호와께 영광을 돌리라고 하는데, 둘째 행에서는 여호와의 이름에 영광을 돌리라고 하고, 셋째 행에서는 거룩한 옷을 입고 경배하라는 구체적인 행동까지 명령합니다.

"나를 책망한 자가 원수가 아니라

원수일진대 내가 참았으리라

나를 대하여 자기를 높이는 자가 나를 미워하는 자가 아니라

미워하는 자일진대 내가 그를 피하여 숨었으리라

그가 곧 너로다 나의 동류

나의 동무요 나의 가까운 친우로다"(시 55:12,13)

친구에게 받은 배신의 충격을 점층법으로 묘사하고 있습니다. 한 문장으로 줄이면 "원수가 아니었고, 미운 사람이 아니었고, 바로 나의 친구 너였다"가 됩니다. 첫째 행의 '원수'와 둘째 행의 '미워하는 자'와 셋째 행의 '나의 친구'가 평행을 이루고 있죠.

교차 평행법Chiastic Parallelism

4개의 행이나 구절로 구성되어 첫 행의 개념이 넷째 행과 비슷하고, 둘째 행의 개념은 셋째 행과 평행이 되는 〈A-B-B'-A'〉의 구조입니다. 이 구조는 산문으로 쓰인 여호수아, 사사기, 룻기의 이야기 단위에서 흔히 발견됩니다. 대개 가장 가운데 있는 구절이 핵심입니다. 먼저 시편에서 발견되는 예를 하나 소개합니다.

> A "여호와여 내가 주께 부르짖고 여호와께 간구하기를
> B 내가 무덤에 내려갈 때에 나의 피가 내게 무슨 유익이 있으리요
> B' 어찌 진토가 주를 찬송하며 주의 진리를 선포하리이까
> A' 여호와여 들으시고 나를 긍휼히 여기소서 여호와여 나의 돕는 자
> 가 되소서 하였나이다" (시 30:8-10)

이 시의 A와 A'에서 저자는 여호와께 도움을 요청합니다. 그리고 B'와 A'에서 도움이 필요한 이유를 설명합니다.

산문으로 된 이야기 속의 교차 평행 구조의 예를 하나 들어 봅니

다. 사사 에훗 이야기(삿 3:12-30)의 구조입니다. 여기서 맨 가운데 있는 단락이 핵심입니다.

A 모압이 이스라엘을 침공함(3:12-14)

B 에훗이 공물을 바치기 위해 여리고를 찾음(3:15-17)

C 에훗이 공물을 바친 후 여리고를 떠남(3:18-19)

D 에훗이 모압 왕을 죽임(3:20-22)

C′ 에훗이 모압 왕을 죽인 후 여리고를 떠남(3:23-26)

B′ 에훗이 모압 군사들을 치기 위해 여리고를 찾음(3:27-28상)

A′ 이스라엘이 모압을 몰아냄(3:28하-30)

사람들은 종종 정말로 저자들이 의도를 가지고 교차평행법을 사용한 것이냐고 묻습니다. 아마도 처음부터 그렇게 이야기를 구성하지는 않았을 것 같습니다. 그런데 수백 혹은 수천 번 들려주는 과정에서, 이야기 효과를 극대화하기 위해 교차 평행 구조로 다듬어졌을 것입니다.

그리스도의 가르침에 나오는 교차 평행법을 하나 소개합니다. 의복을 위해 염려하지 말라는 가르침입니다.(마 6:28-30)

A 의복을 위해 염려하지 말라(28상)

B 들의 백합화는 의복을 위해 노력하지 않음(28하)

C 솔로몬의 의복도 백합화보다 아름답지 않았음(29)

B' 들풀에 불과한 백합화도 하나님이 입히심(30상)

A' 의복을 염려할 필요 없음(30하)

이 가르침에서 백합화의 색깔이 보이세요? 백합화가 흰색이라고 생각하시는 분은 셋째 문장을 다시 한번 읽어 보세요. 솔로몬이 입었던 화려한 왕복과 백합화의 색상이 비교되고 있습니다. 이 가르침에 나오는 백합화는 초봄에 갈릴리 들판을 화려하게 수놓은 야생화들을 가리킵니다. 그래서 솔로몬의 왕복과 비교할 수 있는 겁니다. 백합화를 순결의 상징인 흰 수선화로 해석한 것은 한참 후대의 일입니다.

한글 성경의 운율

가장 좋은 방법은 평행법을 평행법으로 읽는 것입니다. 운문을 읽기 전에 먼저 어떤 종류의 평행법이 사용되었는지 파악합니다. 산문을 읽을 때도 평행법이 사용되지 않았는지 일단 살펴볼 필요가 있습니다. 앞뒤 구절에서 반복되는 단어나 주제는 없는지, 저자가 언어유희를 사용하고 있지는 않은지도 보아야 합니다. 일단 평행법이 확인될 때, 평행구절을 같은 리듬과 억양으로 읽으면 운율이 일어납니다. 다음의 성경 구절들이 어떤 평행법을 사용했는지 살펴보십시오.

"네 의를 빛 같이 나타내시며

네 공의를 정오의 빛같이 하시리로다"(시 37:6)

"예루살렘아 만약 내가 너를 잊는다면

내 오른 손이 잊을 것이다

내 혀가 내 입천장에 붙을 것이다

내가 예루살렘을 기억하지 않는다면"(시 137:5-6상)

"나를 나오미라 부르지 말고 나를 마라라 부르라

이는 전능자가 나를 심히 괴롭게 하셨음이니라

내가 풍족하게 나갔더니 여호와께서 내게 비어 돌아오게 하셨느니라

여호와께서 나를 징벌하셨고 전능자가 나를 괴롭게 하셨거늘

너희가 어찌 나를 나오미라 부르느냐"(룻 1:20-21)

"어떤 길은 사람이 보기에 바르나

필경은 사망의 길이니라"(잠 16:25)

"너는 권고를 들으며 훈계를 받으라

그리하면 네가 필경은 지혜롭게 되리라"(잠 19:20)

본문에 문장 부호를 넣어도 운율대로 읽을 수 있습니다. 문장 부호를 넣는다는 것은 끊어 읽기 표시를 한다는 뜻입니다. 끊어 읽기는 의미 단위의 길이이자 호흡 단위의 길이입니다. 일정한 길이의 문장을 소리 내어 읽을 때 운율이 발생하게 됩니다. 문장 부호 넣기

나 끊어 읽기에 대해서는 대본 작성을 설명할 때 더 자세히 다루도록 합니다. 참고로 아래의 단락에 문장 부호를 붙여 보십시오.

"심령이 가난한 자는 복이 있나니 천국이 그들의 것임이요

애통하는 자는 복이 있나니 그들이 위로를 받을 것임이요

온유한 자는 복이 있나니 그들이 땅을 기업으로 받을 것임이요

의에 주리고 목마른 자는 복이 있나니 그들이 배부를 것임이요

긍휼히 여기는 자는 복이 있나니 그들의 긍휼히 여김을 받을 것임이요

마음이 청결한 자는 복이 있나니 그들이 하나님을 볼 것임이요

화평하게 하는 자는 복이 있나니 그들이 하나님의 아들이라 일컬음을 받을 것임이요

의를 위하여 박해를 받은 자는 복이 있나니 천국이 그들의 것임이라

나로 말미암아 너희를 욕하고 박해하고 거짓으로 너희를 거슬러 모든 악한 말을 할 때는 너희에게 복이 있나니

기뻐하고 즐거워하라 하늘에서 너희의 상이 큼이라 너희 전에 있던 선지자들도 이같이 박해하였느니라"(마 5:3-12)

운율로 읽는 또 하나의 방법은 강조하고 싶은 단어에 강세를 두는 것입니다. 예를 들어 창세기 1장 1절을 아래와 같이 굵게 표시된 단어에 힘을 주어 읽을 때, 강세가 놓이는 위치에 따라 운율과 의미가 조금씩 달라집니다. 이런 식으로 시편 23편 1절을 읽어도 다양한 느낌이 들게 됩니다.

태초에 하나님이 천지를 창조하시니라(행위시간을 강조)

태초에 **하나님이** 천지를 창조하시니라(행위주체를 강조)

태초에 하나님이 **천지를** 창조하시니라(행위대상을 강조)

태초에 하나님이 천지를 **창조하시니라**(행위내용을 강조)

여호와는 나의 목자시니 내게 부족함이 없으리로다(유일성)

여호와는 **나의 목자시니** 내게 부족함이 없으리로다(관계성)

여호와는 나의 목자시니 **내게** 부족함이 없으리로다(주관성)

여호와는 나의 목자시니 내게 **부족함이 없으리로다**(결과성)

4장

낭독 방법

성경낭독은 문해력과 기술력을 필요로 합니다. 읽는 본문을 이해하는 능력과, 읽으려는 본문을 소리로 바꾸는 기술이 모두 요구되는 것입니다. 좀 거창하게 표현하자면 성경낭독의 토대는 인문학과 음향공학입니다. 그리고 이 둘은 숙련이라는 키워드로 연결되어 있습니다. 본문을 이해하려면 많은 양의 독서가 뒷받침되어야 하고, 효과적으로 전달되는 소리를 만들기 위해서도 연습이 필요하기 때문입니다. 덧붙여, 숙련된 낭독을 원한다면 독서와 발음의 원리를 알아야 합니다. 연습을 아예 하지 않은 채 무턱대고 읽거나, 원리를 모르는 채 연습하는 것은 시간과 노력의 낭비일 뿐입니다. 먼저 이론을 알고 나서 연습할 때, 노력한 만큼 열매를 거두게 되는 것입니다. 좋은 이론만큼 좋은 실천은 없다는 말과도 같습니다.

성경을 어떻게 읽을까요?

단어와 문장

책은 문장들이 서로 부대끼며 살아가는 공간입니다. 닮은 듯 서로 다른 문장들은 있어야 할 자리에서 충실히 제 역할을 해냅니다. 같은 물건이라도 쓰임새가 다르듯, 같은 단어를 사용해도 맥락에 따라 의미가 달라집니다. 언어학자들은 단어와 문장의 관계 속에서 의미를 찾기 위해 노력해왔습니다. 대표적인 것은 단어의 연결 상태를 문장의 구조 안에서 파악하려는 통사론syntax입니다. 예를 들자면 하나의 문장은 명사구와 동사구로 되어 있고, 동사구는 동사와 명사구로 되어 있다는 식입니다. 학창 시절 영어 문법을 배울 때 익혔던, 1형식 문장, 2형식 문장 등의 설명은 통사론에 근거한 것입니다. 예를 들어 이사야 40:3이 "광야에서 외치는 자의 소리여 너희는 여호와의 길을 예비하라"(KJV)라는 의미인지, "외치는 자의 소리여 너희는 광야에서 여호와의 길을 예비하라"(NRSV)라는 의미인지, 품사의 위치에 따라 전혀 다른 의미가 됩니다.[4] 또 하나의 방법론은 화용론 pragmatics입니다. 이것은 저자 혹은 화자의 말을 문맥 속에서 이해하려는 관점입니다. 그러니까 단어와 문장은 상황 속에서 의미가 달라집니다. 예를 들어 가인이 하나님에게 "내가 내 아우를 지키는 자입니까?"라고 물었을 때, 단순한 수사적 반어법의 의미를 넘어섭니다. 그는 아벨의 죽음에 대한 책임을 회피하고 있으며, 듣기에 따라서 하나님께 그 책임을 돌리고 있는 것처럼 보입니다. 가인은 수사적 반어법을 사용함으로써, 직전 문맥에서 하나님이 물으셨던 질문과 같은 방식으로 응수하고 있습니다. 실제로 그는 "죄가 문에 '엎드린다"라는 하나님의 충고를 비웃듯, '일어나' 아벨을 쳐 죽였습니다. 일상생활에서도 화용론의 예를 들 수 있습니다. "날씨가 참 좋다"라고 말할 때 "산책하고 싶다" "산책하고 싶지만 할 일이 많아 아쉽다" "커피 한잔해야겠다" "창문을 열고 환기해야겠다" 등 여러 의도가 가능하다.

저자와 독자 관계를 읽는다

저자들이 책을 쓰는 데는 목적이 있으며, 거기에 맞게 내용과 형식과 문체가 정해집니다. 단어와 토씨 하나에 이르기까지 저자의 의

---

4 히브리어 마소라Masorah 사본은 "콜 코레 / 베미드바르 / 파누 데레크 아도나이//"로서 KJV가 분리 악센트를 따라 옮겼다. 쿰란 공동체는 자신들에게 맞춰 "광야에서 여호와의 길을 예비하라"로 읽었다.

도와 상관없이 동원된 것은 없습니다. 심지어 사용하지 않은 단어와 문장에도 의미가 들어 있습니다. 책을 대할 때 여백과 행간까지 읽어야 하는 이유입니다. 침묵도 메시지이기 때문입니다. 저자들이 책을 쓸 때는 독자층을 염두에 둡니다. 자신의 처지와 비슷한 환경의 사람들이 예상 독자가 됩니다. 성경의 모든 책은 특정한 독자를 향해toward 기록되었습니다. 대부분의 성경 저자들은 역사적 상황을 공유하는 동시대 사람들을 독자층으로 삼았습니다. 저자들은 독자들에게 교훈을 주기 위해 책들을 썼고요. 어떤 책들은 처음에 육성으로 들려지던 메시지가 문자로 옮겨졌고, 어떤 책들은 처음부터 문자로 기록되었습니다. 성경을 읽을 때 저자의 의도와 원 독자original readers의 상황을 먼저 염두에 두어야 할 이유입니다. 주제와 문체와 양식은 그다음입니다. 저자와 원 독자와 현대 독자와의 관계는 아래의 도표로 설명될 수 있습니다.

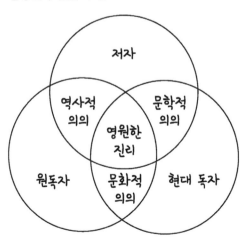

문장 형식에 따라 읽는다

성경은 문장과 단락으로 구성된 책입니다. 문장은 크게 의문문과 평서문으로 나뉩니다. 평서문의 경우 아래의 예문처럼 끊어 읽기와 강세에 따라 의미가 달라집니다.

태초에 / 하나님이 천지를 창조하시니라 (창조 시기를 강조)

태초에 / **하나님이** 천지를 창조하시니라 (창조의 주체를 강조)

태초에 하나님이 / **천지를** 창조하시니라 (창조의 대상을 강조)

태초에 하나님이 천지를 / **창조하시니라** (창조 행위를 강조)

대부분은 성경 한 절이 여러 문장으로 연결되어 있어서, 구문에 따라 읽기가 쉽지 않습니다. 문장 부호가 붙어 있는 한글 성경이나 영어 성경의 경우 그나마 가능하지만, 대부분 교회가 예배 시간에 사용하는 개역 혹은 개역개정의 경우 여간 신경이 쓰이는 것이 아닙니다. 구문을 따라 읽기 쉽고 낭독에 편리한 스터디 바이블이 절실히 요구되는 이유입니다. 다음에 소개하는 요한복음 1:14의 경우 다섯 개의 문장으로 연결되어 있습니다. 어디서 끊고 어디에 강세를 둘 것인지 결정하는 것은 낭독자의 몫입니다.

"말씀이 육신이 되어 우리 가운데 거하시매 우리가 그의 영광을 보니 아버지의 독생자의 영광이요 은혜와 진리가 충만하더라" (개역개정)

"그리고 말씀이 육신이 되다. 그리고 우리 가운데 장막을 치다 / 그리고 우리가 그의 영광(광채)을 보다 / 아버지의 유일한 아들로서의 영광(광채) / 충만한 은혜와 진리(인자와 진실)의" (김인철 직역)

의문문에는 반어 의문문과, 수사 의문문이 있습니다. 둘 다 설득과 가르침을 위한 것이며, 사실관계를 확인하기 위한 것이 아닙니다. 창세기 4:6-10에서 가인을 향한 여호와의 질문을 예로 들어 봅니다.

5절
(앞 문장 생략) 가인이 매우 화를 내고 그의 얼굴이 떨어졌다. (평서문)

6절
(앞 문장 생략) 네가 왜 화를 내며, 네 얼굴이 왜 떨어졌느냐. (수사 의문문)

7절
만약 네가 머리를 든다면 네게 어찌 낫지 않겠느냐?
만약 그렇지 않고 죄가 문 앞에서 웅크리는 것이 더 낫겠느냐?
(수사 의문문)
죄가 너를 원하지만 너는 죄를 다스려야 한다. (평서문)

8절
(앞 문장 생략) 가인이 일어나 그 아우 아벨을 쳐죽였다. (평서문)

9절

(앞 문장 생략) 네 아우 아벨이 어디 있느냐?(수사 의문문)

(앞 문장 생략) 내가 내 아우를 지키는 자니이까?(수사 의문문)

10절

(앞 문장 생략) 네가 무엇을 하였느냐?(수사 의문문)

네 아우의 피들의 소리가 땅에서부터 내게 부르짖고 있다. (평서문)

(김인철 직역)

수사 의문문의 다른 예를 들어 봅니다. 그리스도는 잠언을 지은 현자들이나 동시대의 랍비들처럼 수사 의문문을 즐겨 사용했습니다.

"너희가 어찌 떡이 없음으로 수군거리느냐? 아직도 알지 못하며 깨닫지 못하느냐? 너희 마음이 둔하냐? 너희가 눈이 있어도 보지 못하며 귀가 있어도 듣지 못하느냐? 또 기억하지 못하느냐? 내가 떡 다섯 개를 오천 명에게 떼어 줄 때에 조각 몇 바구니를 거두었더냐? (이르되 열둘이니이다) 또 일곱 개를 사천 명에게 떼어 줄 때에 조각 몇 광주리를 거두었더냐? (이르되 일곱이니이다) 이르시되 아직도 깨닫지 못하느냐?"(막 8:17-21)

반어 의문문의 예들도 살펴보겠습니다.

여호와께서 우리와 함께 계시면 어찌하여 이 모든 일이 우리에게 일어났나

이까?(삿 6:13)

이스라엘이 사모하는 자가 누구냐? 너와 네 아버지의 온 집이 아니냐?

(삼상 9:20)

오늘은 밀 베는 때가 아니냐?(삼상 12:17)

네가 선견자가 아니냐?(삼하 15:27)

너는 내 골육이 아니냐?(삼하 19:13)

이 사람이 요셉의 아들이 아니냐?(눅 4:22)

우리가 떼는 떡은 그리스도의 몸에 참여함이 아니냐?(고전 10:16)

성경에는 최소한 340개 이상의 "어찌하여"로 시작하는 수사적 의문문이 나오는데, 모두 평서문으로 바꾸어 읽어야 해석이 자연스럽습니다.

"어찌하여 이렇게 하였느냐: 이렇게 하지 말았어야 했다"(창 3:13)

"어찌하여 그를 네 아내라고 내게 말하지 아니하였느냐 : ~라고 말했어야

했다"(창 12:18)

"어찌하여 내 이름을 묻느냐 : 내 이름을 알려고 하면 안된다"(창 32:29)

"어찌하여 터뜨리고 나오느냐 : 터뜨리고 나오지 말았어야 했다"(창 38:29)

"어찌하여 내게 부르짖느냐~나아가게 하고 : 부르짖지 말고 ~나아가게 하

라"(출 14:15)

"어찌하여 우리를 괴롭게 하였느냐 : 우리를 괴롭게 하지 말았어야 했

다"(수 7:25)

"어찌하여 내게 묻느냐 : 내게 물으면 안된다"(삼상 28:16)

수사법rhetoric으로 읽는다

① 직유simile

본질적으로 다른 두 개의 개념을 나란히 놓고 비교합니다. '~같은 ~처럼'이라는 표현을 사용합니다.

"이는 그가 풀의 꽃과 같이 지나감이라"(약 1:10)

"여호와의 동산 같고 애굽 땅과 같았더라"(창 13:10)

"바람에 나는 겨와 같도다"(시 1:4)

② 은유metaphor

본질적으로 다른 두 개의 개념을 간접적으로 비교합니다. "~은 ~이다"라는 식의 표현을 사용합니다.

"너희 중의 한 사람은 마귀니라"(요 6:70)

"음녀는 깊은 구덩이요 이방 여인은 좁은 함정이라"(잠 23:27)

"이것은 내 몸이니라"(막 14:22)

"내 신부는 잠근 동산이요 덮은 우물이요 봉한 샘이로구나"(아 4:12)

③ 의인화personification

무생물체에 인간의 속성을 부여하는 표현입니다.

"하늘이여 들으라 땅이여 귀를 기울이라"(사 1:2)

"지혜가 그의 집을 짓고 일곱 기둥을 다듬고"(잠 9:1)

"돌들이 소리지르리라"(눅 19:40)

④ 신인 동형 / 신인 동정anthropomorphism/anthropopathism

마치 하나님이 사람처럼 신체가 있거나 감정이 있는 것처럼 표현합니다.

"동산에 거니시는 여호와 하나님의 소리를 듣고"(창 3:8)

"네가 내 등을 볼 것이요 얼굴은 보지 못하리라"(출 33:23)

"주의 손가락으로 만드신 주의 하늘"(시 8:3)

"내가 그것들을 지었음을 한탄함이니라"(창 6:7)

"네 하나님 여호와는 질투하는 하나님인즉"(출 20:5)

⑤ 과장hyperbolic

거짓말이 아니라 강조하기 위해 사실을 극대화한다.

"밭 가는 자들이 내 등을 갈아 그 고랑을 길게 지었도다"(시 129:3)

"아시아에 사는 자는 유대인이나 헬라인이나 다 주의 말씀을 듣더라"(행 19:22)

"오직 유다 지파 외에는 남은 자가 없으니라"(왕하 17:18)

"네 눈 속에서 들보를 빼라"(눅 6:42)

'네 손이 너를 범죄하게 하거든 찍어버리라⋯⋯ 만일 네 발이 너를 범죄하게 하거든 찍어버리라⋯⋯ 만일 네 눈이 너를 범죄하게 하거든 빼버리라'(막 9:43, 45, 47)

'속옷을 가지고자 하는 자에게 겉옷까지도 가지게 하며'(마 5:40)

⑥ 완곡어법euphemism

신체의 일부나 성생활과 관계된 거북한 주제를 에둘러 표현한다. "허벅지 아래"(창 24:7; 47:29) "하체를 보다"(창 9:22; 레 20:17) "허리"(창 35:11; 대하 10:10; 히 7:5,10) "당신의 옷자락을 펴 당신의 여종을 덮으소서"(룻 3:9) "나로 네게 들어가게 하라⋯⋯ 당신이 무엇을 주고 내게 들어오려느냐"(창 38:16)

⑦ 곡언법(litotes)

절제된 표현(understatement)의 한 형태로, 반대적인 개념을 반대하는 식의 표현이다.

"적지 아니하기를 원하나이다"(신 33:6)

"적지 않은 소동이 있었으니"(행 19:23)

"적지 않게 위로를 받았더라"(행 20:12)

"잠자는 자도 적지 아니하니"(고전 11:30)

"적지 아니한 다툼과 변론이 일어난지라"(행 15:2)

"헬라의 귀부인과 남자가 적지 아니하나"(행 17:12)

⑧ 제유법synecdoche

일부분으로 전체를 표현한다.

　"사람이 빵으로만 사는 것이 아니요"(신 8:3)

　"곡식과 포도주"(창 27:28)

　"칼을 가지는 자는 다 칼로 망하느니라"(마 26:52)

⑨ 환유법metonymy

원래의 이름 대신 관련된 다른 이름으로 표현한다.

　"에브라임아 내가 네게 어떻게 하랴 유다야 내가 네게 어떻게 하랴"(호 6:4)

　"시온의 딸아 노래할지어다"(습 3:14)

　"바산의 암소들아"(암 4:1)

⑩ 풍자법sarcasm

표면적으로 드러난 의미가 아닌 조롱하는 표현이다.

　"잘하는도다 귀신들도 믿고 떠느니라"(약 2:19)

　"선악을 아는 일에 우리 중 하나 같이 되었으니"(창 3:22)

　"낙헌제를 소리 내어 선포하려무나"(암 4:5)

　"너는 부르짖어 보라"(욥 5:1)

　"이제 너는 젊어서부터 힘쓰던 주문과 많은 주술을 가지고 맞서 보라 혹시 유익을 얻을 수 있을는지, 혹시 놀라게 할 수 있을는지"(사

47:12)

"큰 소리로 부르라 그는 신인즉 묵상하고 있는지 혹은 그가 잠깐 나갔는지 혹은 그가 길을 행하는지 혹은 그가 잠이 들어서 깨워야 할 것인지"(왕상 18:27)

단락 단위로 읽는다

성경 각 권은 장과 절로 구분되어 있습니다. 가장 짧은 단위가 절 verse이고, 가장 긴 것은 장chapter이 됩니다. 그런데 장과 절은 의미 단위의 단락 구분 방식이 아닙니다. 따라서 대부분의 스터디 바이블은 장 절 표시와 함께, 따로 단락을 구분해서 제목까지 붙여 놓았습니다. 성경의 어떤 책을 읽기 전에 단락들이 어떻게 연결되어 있는지 큰 그림을 볼 필요가 있습니다. 나무를 보기 전에 먼저 숲을 보는 것과 같은 이치입니다. 그리고 책마다 단락들이 이어지는 형식이 다릅니다. 예를 들어 사도행전의 단락들은 지리적 순서를 따라, 창세기의 단락들은 시간적 순서를 따라, 로마서의 단락들은 논리적 순서를 따라 이어집니다. 그리고 작은 단락들은 같은 주제의 큰 단락에 속해 있습니다. 예를 들어 창세기는 1~11장까지 초기 인류의 역사와 12~50장까지 족장들의 삶이라는 큰 주제로 나뉘어집니다. 초기 인류의 역사는 창조, 타락, 홍수, 바벨탑이라는 4대 사건으로 나뉘어집니다. 족장들의 삶은 아브라함, 이삭, 야곱, 요셉의 생애로 나누어집니다. 각각의 단락들은 서로 다른 이야기들로 구성되어 있습니다. 그러니까 문장들이 모여서 소 문단paragraph이 되고, 소 문단들이 모여서 대 문단section이 되고, 대 문단들이 모여서 분단division이 되고, 분단들이 모여 책이 되는 것입니다. 분량이 적은 책은 분단이 없고, 분량이 많은 책은 소 문단과 대 문단 사이에 분절segment 단위가 첨가되기도 합니다.

낭독을 위한 대본 작성

좋은 연극이나 영화를 보고 나면, 가슴 한편에 명배우가 뱉은 대사 한 마디가 남습니다. 개성 있는 앵커가 진행하는 뉴스 프로그램의 클로징 멘트도 여운을 남깁니다. 모두 즉흥적으로 뱉은 말이 아니라, 주어진 대본을 소화하고 자기 색깔을 입힌 결과입니다. 마치 명연주자가 악보를 해석하고 자기 방식으로 표현하는 것과 비슷합니다. 그런데 명배우와 인기 앵커의 대본은 각종 부호와 색칠로 지저분합니다. 명연주자의 연습용 악보도 마찬가지일 것입니다. 성경 낭독을 콕 집어서 공연이나 방송 활동이라고 말할 수는 없습니다. 오히려 시 낭송이나 책 읽어주기에 가깝습니다. 하지만 대본이 필요하다는 점에서 공연이나 방송 활동과 다르지 않습니다.

대본 작성은 문자로 된 성경을 소리로 변환시키는 작업 계획서입니다. 성경이 입에서 입으로 전해지던 시절에는 음정과 박자가 있었습니다. 예를 들어 시편에는 '인도자(지휘자)를 따라 현악 여덟째 줄에 맞춘 노래'(시편 12편 제목), '인도자(지휘자)를 따라 아옐렛 샤할(아침 사슴)에 맞춘 노래'(시편 22편 제목) 등의 지시문이 나옵니다. 지금은 이런 말들이 어떤 연주 방식을 의미하는지 잘 모르지만, 당시 성전 성가대 관계자들은 모두 알았을 것입니다. 그것을 후손들에게 전수했던 사람들이 마소라Masorah 학자들이었습니다. 그들은 구약성경 전체의 히브리어 운율을 터득했던 것 같습니다. 그래서 기원후 8세기에 모음과 악센트 부호를 개발해서 누구나 성경을 운율대로 읽을 수 있게 했습니다. 그런 히브리어 부호가 없더라도, 한글 대본이 있다면 얼마든지 운율대로 읽을 수 있습니다.

낭독 대본을 만들어야 하는 첫 번째 이유는 대부분의 한글 성경에 문장 부호가 없기 때문입니다. 한 절 안에 여러 문장이 들어 있는데 마침표조차 없습니다. 문장 부호가 없어도 다들 익숙하게 잘 읽기는 합니다. 하지만 문장 부호를 붙이면 더 선명하게 읽을 수 있습니다. 안경 도수가 맞으면 시야가 탁 트이는 것과 같습니다. 저는 새 안경을 쓸 때마다 심청이 아버지가 눈을 뜬 것 같은 느낌을 받곤 합니다. 낭독 대본도 마찬가지입니다. 머릿속으로만 문장 부호를 생각하는 것보다, 본문에 표시하면 구조가 한눈에 들어옵니다. 어떤 이미지가 사용되었는지, 키워드와 요절이 무엇인지 파악할 수 있습니다. 그러니까 문장 부호를 붙여 대본을 만드는 목적은 의미를 이해하는

데 있습니다. 문장 부호를 붙이면 무엇보다 끊어 읽기가 가능해집니다. 쉼표와 마침표, 강조하고 싶은 단어 앞이나 뒤를 끊으면 되기 때문입니다. 더 나아가 운율을 따라 읽을 수 있게 됩니다. 반복되는 특정한 단어나 문장을 표시할 수 있기 때문입니다.

두 번째 이유는 '공감하며 읽기 위해서'입니다. 성경은 놀람 기쁨 슬픔 두려움 분노 연민 격정 혼란 등의 감정을 직접 묘사하거나 에둘러 표현합니다. 애가에는 후회, 낙담, 불안 등의 감정이 들어 있고, 예언서에는 수치심 희망 불안 두려움 안도감 등이 뒤섞여 있습니다. 감정이 들어 있는 글을 감정 없이 읽는다는 것은 난센스에 가깝습니다. 목소리는 의미만이 아니라 감정도 전달하기 때문입니다. 감정 없이 읽는 것은 감정을 죽인 채 읽는 것입니다. 따라서 감정을 배제한 채 성경을 읽는 것은 애초에 불가능합니다. 예를 들어 갈라디아서에서 분노와 좌절의 감정을 배제하고 바울의 책망을 읽을 수 없습니다. 창세기에서 신비와 경외의 감정 없이 천지창조 이야기를 읽을 수도 없습니다. 이런 감정들을 낭독 대본에 표시해두면 듣는 사람에게 공감을 불러 일으키게 됩니다. 감정을 느낄 틈도 없이 속독으로 성경을 읽어왔던 사람은 공감이 어색할 수 있습니다. 마치 음식을 입에 넣자마자 삼켜 버리는 사람이 맛을 제대로 느끼지 못하는 것과 같습니다. 하지만 입맛을 다셔가며 혀로 음미하면 음식 고유의 맛을 즐길 수 있습니다. 마찬가지로 성경을 천천히 음미하며 읽으면 본문에 스며든 감정까지 느낄 수 있습니다. 성경을 머리로 꿀꺽 삼키지 말고, 가슴의 울림으로 새김질해야 하는 이유입니다.

　세 번째 이유는 '기억을 떠올리기 위해서'입니다. 낭독 대본은 마스터 플랜 혹은 큐시트와 같습니다. 낭독에 필요한 세부 계획을 모두 암기한다고 해도, 대본이 없다면 준비한 대로 읽기 어렵습니다. 눈에 보이지 않으면 기억을 떠올리기 어렵거든요. 과장해서 말하자면 낭독 대본을 사용하는 것은 내비게이션을 따라 운전하는 것과 비슷합니다. 내비게이션은 운전자가 도로와 교통상황에 신경 쓰지 않아도 되게 해줍니다. 물론 내비게이션을 사용해도, 운전 실력에 따라 차이가 나기는 합니다. 낭독 대본을 만들어도 낭독자의 연륜과 연습 정도에 따라 차이 나는 것과 같습니다. 낭독 대본은 시간적 간격을 두고 같은 본문을 다시 읽게 될 때 더욱 빛을 발합니다. 만약 낭독 대본을 만들어 두지 않는다면, 낭독할 때마다 기본 설계를 원점에서부터 해야 할 겁니다. 지난번에 어떻게 낭독했는지 거의 기억하지 못할 터이니까요. 하지만 대본이 있다면 예전의 기억을 떠올릴 수 있고, 수정 보완을 거쳐 더 나은 대본을 만들 수 있습니다.

★ 함께 대본을 작성해 볼까요? ★

　창세기에 나오는 창조 이야기에서 뱀이 여자를 유혹하는 단락입니다.

1 그런데 뱀은 여호와 하나님이 지으신 들짐승 중에 가장 간교하니라 뱀이 여자에게 물어 이르되 하나님이 참으로 너희에게 동산 모든 나무의 열매를 먹지 말라 하시더냐

2 여자가 뱀에게 말하되 동산 나무의 열매를 우리가 먹을 수 있으나

3 동산 중앙에 있는 나무의 열매는 하나님의 말씀에 너희는 먹지도 말고 만지지도 말라 너희가 죽을까 하노라 하셨느니라

4 뱀이 여자에게 이르되 너희가 결코 죽지 아니하리라

5 너희가 그것을 먹는 날에는 너희 눈이 밝아져 하나님과 같이 되어 선악을 알 줄 하나님이 아심이니라

6 여자가 그 나무를 본즉 먹음직도 하고 보암직도 하고 지혜롭게 할 만큼 탐스럽기도 한 나무인지라 여자가 그 열매를 따먹고 자기와 함께 있는 남편에게도 주매 그도 먹은지라

(창 3:1-6)

밑그림 그리기

① 장르/등장인물

장르는 이야기narratives이며, 등장인물은 뱀, 여자, 여자의 남편 이렇게 셋입니다. 등장인물 외에 이야기를 끌고 가는 화자narrator가 있습니다. 화자의 말은 1절, 2절, 4절, 6절에 나오는데, 이 중 1절과 6절은 이야기를 시작하고 마치는 기능을 합니다. 뱀의 말은 1절, 4절, 5절에 나오는데, 등장인물 중 가장 자주 많이 나옵니다. 여자의 말은

2절, 3절에 나오며, 뱀에 비해 상대적으로 적습니다. 여자의 남편은 한마디도 말하지 않습니다. 따라서 이야기의 주인공은 뱀이라고 할 수 있습니다. 흥미롭게도 하나님, 뱀, 여자라는 단어가 각각 5번씩 나옵니다. 하나님의 말씀은 1절에서 뱀에 의해, 3절에서 여자에 의해 간접적으로 인용됩니다.

② 스토리 전개

1절~뱀의 캐릭터 소개 그리고 금단의 열매와 관계된 뱀의 질문(기) 2-3절~ 뱀의 질문에 대한 여자의 답변(승) 4-5절~여자의 답변에 대한 뱀의 부정과 유혹(전) 6절~여자가 금단의 열매를 보고 먹고 남편에게도 주어 먹게 함(결)

③ 핵심 구절

스토리 전개의 관점에서 기승전결의 전에 해당하는 4절로 볼 수 있습니다. 그런데 "뱀은 …… 가장 간교하니라"라는 단락의 첫 문장을 1절, 4절, 5절의 뱀의 유혹을 요약하는 핵심 구절로 볼 수도 있습니다. 교리적 관점에서 여자와 그녀의 남편이 금단의 열매를 먹은 6절을 핵심 구절로 볼 수도 있습니다.

④ 키워드

3절에서 나오는 '동산 중앙에 있는 나무 열매'입니다. 6절에서 '그 열매'로 줄여서 표현하기도 합니다. 이것이 키워드인 이유는 스토리 전개의 구심점 역할을 하기 때문입니다.

⑤ 이미지와 운율

두드러진 이미지는 '말하는 뱀'입니다. 고대인들은 뱀이 갈라진 혀로 날름거리는 것을 보고, 언변이 좋은 사기꾼의 이미지를 덧입혔을지도 모릅니다. 운율은 우선 여자의 말(3절), 뱀의 말(5절), 화자의 말(6절)에서 리듬을 찾습니다. 거기에는 각각 세 어절로 표현된 리듬이 들어 있습니다. 즉, "먹지도 말고 / 만지지도 말라 / 죽을까 하노라" "너희 눈이 밝아져 / 하나님과 같이 되어(하나님처럼) 선악을 알 줄 / 하나님이 아신다" "먹음직도 하고 / 보암직도 하고 / 지혜롭게 할 만큼 탐스럽기도 한"이라는 3박자 리듬입니다. 운율에는 화자와 여자와 뱀의 음조도 포함됩니다. 예를 들어 세 사람의 대사를 중음, 저음, 고음 대역으로 다르게 하는 것입니다. 속도의 변화도 고려하면 좋습니다. 이를테면 화자와 여자와 뱀의 말에 속도 변화를 줄 수 있습니다. 기승전결의 스토리 전개에 따라 속도를 다르게 할 수도 있습니다.

계획 세우기

① 구분

본문에 표시할 내용과 바깥 여백에 표시할 내용을 구분합니다. 예를 들어 끊어 읽기, 리듬, 키워드, 핵심 구절, 주의해야 할 발음 등은 색깔 부호color code나 상징 부호symbol code 등으로 본문에 직접 표시합니다. 키워드와 핵심 구절은 성량과 파워의 변화를 주어 읽을 필요가 있습니다. 어떻게 변화를 줄 것인지 구체적으로 계획을 세워야 합니다. 여백에는 기승전결, 속도, 음조, 등장인물 표시를 합니다. 이것들을 어떻게 다르게 읽을 것인지도 결정해야 합니다. 예를 들어 뱀의 말은 낮은 음조로, 여자의 말은 높은 음조로, 화자의 말은 중간 음조의 대역으로 구분할 수 있습니다. 속도의 변화를 어떤 원칙에서 어떻게 줄 것인지도 결정해야 합니다. 스토리의 기승전결 전개에 따를 것인지, 등장인물에 고정된 속도를 줄 것인지 계획을 세워야 합니다.

② 끊어 읽기

물 흐르듯 자연스럽게 들리기 위해서는 부자연스럽게 자주 끊지 말아야 합니다. 화자, 뱀, 여자의 말이 바뀌는 대목에서는 반드시 숨을 멈추거나 다시 쉬는 방식으로 끊어 읽어야 합니다. 등장인물의 말이 계속 이어질 때는 의미 단위와 자신의 호흡 길이에 따라 적절한 곳에서 끊으면 됩니다.

③ 연습

대본대로 낭독하기 위해서는 연습 계획을 세워야 합니다. 전체 시간은 어느 정도로 할 것인지, 대본에 거의 신경 쓰지 않고 할 수 있으려면 몇 번 연습해야 할 것인지 등을 계획합니다.

표시하기

위의 계획에 따라 대본에 구체적으로 표시합니다. 대본 여백 맨 위에 간단히 단락의 개요를 적어 두면 다음에 다시 읽을 때 도움이 됩니다. 맨 아래에는 색깔 부호와 상징 부호의 의미를 깔끔하게 범례로 정리하면 좋습니다.

이런 작업은 대본을 읽는 모든 활동에서 발견됩니다. 시 낭송, 동화 구연, 뉴스 보도, 연극/드라마 등입니다. 모두 읽을거리가 미리 주어진다는 공통점이 있습니다. 뉴스 보도의 경우 사전에 연습하고 암기한 대본이 앵커와 리포터 앞에 놓여 있습니다. 연극/드라마는 마이크 앞에 앉은 성우든, 무대 위에 선 연기자든 대본 낭독을 기본으로 합니다. 전통 연극의 경우 동작 연습을 하기 전 함께 모여 대본 낭독에 상당한 시간을 소모합니다. 대본에 나오는 캐릭터를 배우의 모습으로 탄생시키기 위해서입니다. 대본 낭독에 충실하지 않으면 캐릭터 묘사가 억지스러울 수밖에 없습니다. 동화 구연과 시 낭송에도 읽는 방법을 표시한 대본이 필요합니다. 그리고 성경낭독도 대본을 필요로 합니다. 주어진 본문의 문장들을 어디서 끊어 읽고, 어떤 어조와 리듬과 속도로 읽으며, 강세를 어디에 두어 읽을 것인지 미리 표시한 대본이 있어야 하는 것입니다. 대본을 만들 때, 글로 주어진 텍스트를 어떤 운율의 말로 되돌릴 것인지 생각해야 합니다.

대본은 낭독을 위한 큐시트cue sheet입니다. 읽어야 할 본문에 억양 accent, 음조tone, 속도speed, 리듬rhythm, 강세stress, 볼륨volume, 끊어 읽어야 할 부분pause, 시간표time schedule 등을 표시하는 계획표master plan입니다. 대본은 낭독자의 성경 이해 수준과 전달하려는 관점을 보여 줍니다. 낭독을 위한 최종 준비 단계에서 만들어지기 때문입니다. 한 두 가지 연습할 때는 성경 여백에 작성할 수도 있지만, 대본의 완성단계에서는 별도의 용지가 필요합니다.

대본 작성 요령

①개요를 파악합니다

단락이 속한 장르, 이미지와 상징, 화법, 주제, 문장의 구조, 저자의 의도를 이해합니다.

②수사적 표현을 표시합니다

직설적 표현indicative speech과 수사적 표현figurative speech을 구분합니다. 수사적 표현에만 별도의 표시를 하는 것이 편합니다.

③끊어 읽을 부분을 표시합니다

끊는 간격에 따라 멈춤(v), 쉼표(/), 마침표(//), 따옴표(" ")로 구분합니다. 끊어 읽기에서 고려할 점은 문장의 길이, 낭독자의 호흡 길이, 청중의 호흡 길이, 강세를 두어야 할 단어의 위치입니다. 가장 중요하게 고려해야 할 점은 의미의 효과적인 전달입니다.

④ 음조와 억양을 표시합니다

음조는 소리의 높낮이이고, 억양은 소리의 높낮이가 만드는 멜로디입니다. 감정이 격앙될 때의 음조는 높고, 피곤하거나 우울할 때의 음조는 낮습니다. 내성적인 사람은 낮은 음조이고, 외향적인 사람의 말은 높은 음조입니다. 평서문을 끝낼 때 억양은 내려가고, 의문문을 끝낼 때 억양은 올라갑니다. 사건이나 논리의 전개를 따라 억양도 다양하게 변해야 합니다. 대표적인 예가 점층 평행법climatic parallelism이 사용된 시가poetry입니다. 그뿐 아니라 성경에 나오는 수많은 이야기, 연설, 변증, 우화, 교훈적 서신의 낭독은 억양의 변화에 따라 전달의 깊이가 달라집니다.

⑤ 리듬을 표시합니다

리듬은 평행법에서 볼 수 있는 것처럼, 같은 단어나 일정한 음절이 반복될 때 가장 잘 일어납니다. 예를 들어 이사야 43장에서 야훼 하나님은 '나'라는 일인칭 대명사를 53회(개역개정 기준) 사용합니다. 이 본문을 읽을 때 일인칭 대명사가 만드는 리듬을 살릴 필요가 있습니다. 마태복음 1장에는 '낳고'라는 단어가 39회(개역개정 기준) 사용되었습니다. 자연스럽게 이 동사가 만드는 리듬을 살려 낭독할 필요가 있습니다.

⑥ 강세를 표시합니다

특별한 효과를 내기 위해 특정한 음절을 강하게 발음하는 것이 강세입니다. 대개 강조하고 싶은 단어의 첫음절에 강세를 둡니다. 리듬을 만드는 반복적인 단어에 강세를 주는 것은 의미가 없습니다. '오직' '다만'같은 부사, '~은' '~는'같은 한정조사가 붙은 단어, 단락의 키워드에 붙이는 것이 좋습니다.

⑦ 속도를 표시합니다

먼저 표준 속도를 정합니다. 표준 속도가 필요한 이유는 시간적 규격에 맞춰 낭독하기 위해서입니다. 표준 속도를 정해 놓고, 그것보다 빠른 것은 (+)로, 느린 것은 (-)로 표시하면 좋습니다. 강세처럼 필요할 때 가끔 속도의 변화를 주는 것은 좋지만, 자주 사용하면 어수선한 느낌을 주게 됩니다. 끓어오르는 감정을 묘사할 때는 빠르게, 과거를 회상하거나 감정을 억제하는 대목은 느리게 읽으면 됩니다. 사건이나 논리가 전개되는 것에 맞추어 속도를 빠르게 할 수도 있습니다.

⑧ 볼륨을 표시합니다

이야기 주인공의 말, 강조하는 말, 부르짖는 말 등은 볼륨을 높여서 읽습니다. 볼륨의 크기를 조정하면 입체감 때문에 듣는 이가 지치지 않고 들을 수 있습니다.

⑨ 시간을 표시합니다

단위 시간에 읽을 수 있는 분량을 결정하기 위해서입니다. 한 권의 책을 표준 속도에 맞춰 읽으면 시간의 양이 결정됩니다. 낭독 연습을 위한 짧은 단락일 경우가 아니라면, 적어도 한 장 이상을 읽을 때는 분 단위의 시간을 표시하는 것이 좋습니다.

⑩ 주의 사항을 표시합니다

무의식적으로 저지르는 실수를 줄이기 위해서입니다. 마음의 불안이나 근육의 긴장은 끊어 읽기를 무시하거나 발음을 부정확하게 하는 등의 실수로 이어질 수 있습니다. "서두르지 말자!" "입술 모양 분명히!" "어깨 내리고, 목 풀고, 심호흡!" 등의 단순한 구호를 눈에 잘 띄도록 대본 여백에 적어 둡니다.

소리 연습 : 목소리의 메커니즘

사람들은 자신의 녹음된 목소리를 처음 들을 때 낯설어합니다. 기억 속에 있는 자신의 소리 이미지와 다르기 때문입니다. 우리는 모두 입에서 귀로 전달되는 소리에 더 익숙해 있습니다. 음색만이 아니라 속도 어투 악센트 발음 등 자신의 목소리 전체에 익숙합니다. 그런데 재생된 목소리가 낯설게 들렸다는 것은, 다른 사람에게 어떻게 들렸는지 모른다는 이야기이기도 합니다. 다른 사람들은 말하는 사람처럼 두개골이 공명하는 소리는 듣지 못하고, 귀 뼈를 진동하는 소리만 들을 뿐입니다. 그것이 말하는 사람이 가지고 있는 소리 이미지와 듣는 사람에게 심어진 이미지가 다른 이유입니다. 녹음 장치로 재생하는 소리는, 듣는 사람에게 심어진 이미지와 비슷합니다. 낭독 훈련을 시작하는 분들은 종종 초등학교 저학년 이후, 책을 소리 내어 읽기는 처음이라고 말합니다. 초등학교 이후 최소 20년에서

40년 동안, 자신의 소리 이미지와 실제 사이에 부조화가 진행되었다는 이야기입니다. 다시 말해 그것이 기계로 재생된 목소리가 낯설게 들렸던 이유일 수 있습니다. 자신의 소리 이미지에 익숙하다 보니, 말의 빠르기나 높낮이나 발음의 정확도를 몰랐던 거죠. 어쩌다 쳐다본 거울 속의 자신이 낯설게 느껴지는 것과 같다고 할까요? 물론 기계가 사람의 목소리를 100% 정확히 재생하지는 못합니다. 어쨌거나 그 낯설게 들리는 경험은 우리를 목소리 훈련의 세계로 안내할 수 있습니다.

타고난 나쁜 목소리는 없습니다. 훈련되지 않은 목소리가 있을 뿐입니다. 깎고 다듬어서 아름다운 보석으로 탄생하기 전의 원석과 같은 목소리입니다. 인간의 음성은 신이 창조한 가장 아름다운 악기로서, 매력적이지 않은 음색이 없습니다. 악기가 조율을 통해 아름다운 소리를 내듯이, 타고난 목소리는 연습을 통해 최상의 수준에 도달합니다. 발성 기관의 구조를 이해하고, 호흡법을 배우고, 근육을 이완시키는 훈련 등을 통해 매력적으로 말할 수 있게 되는 것입니다. 목소리 연습은 자기 몸을 대상으로 하는 창작 활동입니다. 마치 캔버스에서 그림이 조금씩 윤곽을 드러내며 완성되는 것과 같습니다. 악기 연주자의 연습을 통해 악보가 실체를 드러내는 것과도 같습니다. 다른 사람의 목소리를 흉내 내는 것이 아니라, 자신의 감춰진 목소리를 드러내는 것입니다. 그런데 사람들은 노래를 연습하는 만큼 말하기 연습을 하지 않습니다. 아마도 노래를 연습하는 것만큼의 즐거움이 즉각적 보상으로 주어지지 않기 때문이겠지요. 하지만 대인관계에서 말하기가 차지하는 비중을 생각한다면, 스피치 훈련의 보상이 더 크다고 할 수 있습니다. 자신의 어눌한 말투 때문에 대인관계에서 위축감을 느끼는 사람이 생각보다 많습니다. 목소리 훈련을 통해 다른 사람과 대화를 나눌수록 자신감을 느끼게 된다면, 삶에서 이보다 더 좋은 일이 있을까요? 다른 사람과 대화를 나눌수록 위축되는 것과 비교할 때 하늘과 땅의 차이처럼 엄청나다고 할 수 있습니다. 당나라 황제 태종은 신하들을 등용할 때, 신언서판身言書判 즉 풍채, 언변, 글씨, 판단력을 기준으로 삼았다고 합니다. 이 네 가지는 모두 훈련을 통해 얻어질 수 있는데, 말하기가 거기에 들어 있다는 사실이 흥미롭습니다. 낙타가 바늘귀로 들어가기보다 어렵다는 취업 면접에서 매력적인 목소리로 당당하게 이야기할 수 있다면 가산점을 받게 될 것이 분명합니다. 성경낭독은 신앙 성숙과 목소리 훈련이라는 두 가지 목표를 함께 성취할 수 있습니다.

소리 훈련으로 언어 장애를 극복한 사람들이 많습니다. 그리스 최고의 웅변가였던 데모스테네스도 어릴 적 지독한 말더듬이였지만, 자갈을 입에 물고 발음 연습을 하며 극복했다고 알려집니다. 영화 「킹스 스피치The King's Speech」의 실제 주인공이었던 영국 왕 조지 6세도 어릴 적 말더듬이를 극복한 인물입니다. 20세기를 빛낸 헬렌 켈

러는 시각과 청각의 중복 장애인이었지만, 노력을 통해 작가와 연사로 거듭났습니다. 원래 말하지 못했던 그녀는 나중에 독일어를 포함 외국어 5가지를 구사했으며, 평생 12권의 책을 썼습니다. 기독교인이자 진보적 지식인이었던 그녀는 소외된 자와 약자를 위한 사회 활동을 열정적으로 펼쳤습니다. 1937년 일제 강점기에 우리나라를 방문했을 때도, "하나님이 나의 앞뒤에 계시니 내가 두려울 것이 없다"라고 하면서 시각장애인들을 돕는 것이 곧 하나님께 감사하는 길임을 역설했다고 합니다. 그녀가 설리번 선생님을 통해 처음으로 '물 water'이라는 단어를 발음했던 이야기는 언제 들어도 감동적입니다. 청각장애가 있었던 그녀는 'W-A-T-E-R'를 발음하기 위해, 매 철자의 입 모양을 하나씩 고통스럽게 만들어야 했습니다. 마침내 그녀가 'WATER'라고 발음하게 되었을 때, 새로운 세상이 그녀 앞에 펼쳐졌습니다.

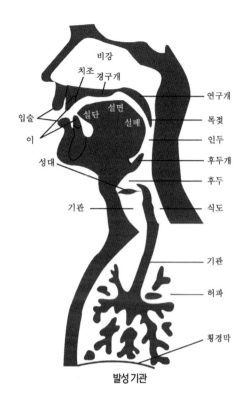

비강

치조 경구개

설면

입술

설단

이

성대

기관

연구개

목젖

인두

후두개

후두

식도

기관

허파

횡경막

발성 기관

얼굴은 울림통입니다

성경낭독의 기본은 목소리입니다. 목소리란 고유한 음색, 억양, 어조, 발음 등을 포함한 소리의 지문이라고 할 수 있습니다. 목소리는 타고난 신체 조건과 개발 여부에 따라 달라집니다. 타고난 신체 조건도 음색 외에는 모두 개발이 가능합니다. 그런데 듣는 사람에게 호감을 주는 소리가 있는가 하면, 반대의 경우도 있습니다. 전자의 경우 다양한 억양, 낭랑한 울림, 명확한 발음이 특징이고, 후자의 경우는 단조로운 억양, 쉰 목소리, 비음, 부정확한 발음이 특징입니다. 좋은 소리를 내기 위해서는 무엇보다 소리 기관의 메커니즘을 이해해야 합니다.

목소리는 한마디로 날숨이 성대를 통과하면서 만들어진 진동입니다. 소리의 원료를 만드는 기관은 폐와 후두이며, 소리의 모양과 강약을 결정하는 기관은 구강과 머리뼈입니다. 발성의 원리들을 살펴보면 다음과 같습니다. 첫째, 소리의 크기와 길이는 날숨의 양으로 조절합니다. 둘째, 소리의 높낮이(피치)는 성대로 조절합니다. 셋째, 소리의 모양은 입 모양으로 결정합니다. 넷째, 소리의 강약은 머리뼈와 가슴뼈의 공간들을 울려서 만듭니다. 소리 기관의 메커니즘을 이해했다면 앞서 말한 호흡, 발성, 발음, 공명을 꾸준히 연습해야 합니다. 머리로 이해하는 것은 연습을 위한 준비에 불과합니다. 연습으로 들어가기 전에 실제적으로 알아야 할 것들을 생각해봅니다.

1. 어떤 경우이든 목 근육을 긴장시키면 안 됩니다. 목 근육이 이완돼야 제대로 소리를 낼 수 있습니다. 큰 소리를 내려고 목을 조이면 더 작은 소리가 나고 금방 목이 쉬게 됩니다. 목이 앞뒤로 젖혀져도 기도가 막혀 제대로 된 소리를 낼 수 없습니다. 목과 척추가 기울어지면 반대쪽 근육이 몸의 균형을 잡기 위해 긴장할 수밖에 없습니다. 따라서 바른 자세를 유지해야 합니다. 목이 뒤로 젖혀지지 않도

록 항상 턱을 당기도록 합니다. 목 근육뿐 아니라 얼굴 근육과 등과 골반의 코어근육이 이완돼야 제대로 소리를 낼 수 있습니다. 발성 연습을 하기 전에 근육을 충분히 이완시켜야 합니다.

2. 부교감 신경을 활성화해야 합니다. 근육의 이완은 부교감 신경이 작동해야 일어나기 때문입니다. 우리의 뇌가 충분히 안전하다고 느낄 때, 비로소 부교감 신경이 작동하여 수의근과 불수의근육까지 이완됩니다. 부교감 신경을 활성화하기 위해서는 몸의 감각에 집중할 필요가 있습니다. 우리의 뇌는 실제로 일어나고 있지 않은 일을 상상만 해도 교감 신경이 작동하여 긴장하게 됩니다. 두려움과 염려와 분노를 의식하지 말고, 신체 모든 부위의 감각에 의식을 집중하면 근육이 이완됩니다.

3. 호흡이 없으면 소리도 없습니다. 자동차에 연료나 전력이 없으면 움직일 수 없는 것과 같습니다. 양질의 호흡은 복식 호흡을 통해 확보할 수 있습니다. 복식 호흡이나 흉식호흡이나 폐로 숨 쉬는 것은 매한가지입니다. 복식 호흡은 횡격막을 아래위로 움직여서 폐활량을 조절하고, 흉식호흡은 갈비뼈를 부풀렸다 수축했다 하면서 조절합니다. 흉식호흡은 호흡할 때마다 갈비뼈 근육을 과도하게 사용하기 때문에 피로도가 증가합니다. 또한 호흡이 고르지 않기 때문에 낭독에도 지장을 주게 됩니다. 복식 호흡의 가장 큰 장점은 고른 호

흡을 바탕으로 소리를 자유롭게 통제할 수 있다는 것입니다. 물론 특별한 감정을 표현하기 위해 흉식호흡을 의도적으로 해야 할 경우도 있습니다.

4. 구강에서 1차 공명이 제대로 일어나야 코뼈와 이마뼈와 위턱뼈의 빈 공간에서 2차 공명이 일어날 수 있습니다. 심지어 가슴과 골반에서 3차 공명까지 일어나게 됩니다. 구강에서 공명이 제대로 일어나려면 성대에서 만들어진 진동이 인후강을 통해 구강에서 최대한 공명을 일으키도록 입 모양이 만들어져야 합니다. 얼굴 근육이 굳은 사람은 하품할 때를 생각하며 입을 크게 벌리는 연습을 해야 합니다. 그리고 얼굴 근육 마사지를 해줄 필요가 있습니다. 흔히 두성 발성이라는 말을 할 때는 머리뼈의 동공에서 공명이 일어난 소리를 가리킵니다. 그 빈 공간이 제대로 울리기까지는 연습과 시간이 필요합니다. 구강 공명이 코뼈 공명으로 발전하고, 다시 위 턱뼈(상악골) 공명으로 이어지고, 이마뼈 공명으로 점점 영역이 넓어지는 것입니다.

5. 듣기가 기본입니다. 자기 음성과 다른 사람의 음성을 잘 들어야 더 나은 발성을 할 수 있습니다. 녹음된 자기 음성을 반복해서 듣고 분석할 필요가 있습니다. 잘못된 발성의 원인이 무엇인지 알기 위해 전신 거울을 사용하든가, 영상을 녹화할 필요도 있습니다. 잘못된

자세가 원인일 수 있기 때문입니다.

혀와 입술로 소리 모양을 만듭니다

입 밖으로 나오는 말의 가장 작은 단위를 음절이라고 합니다. 대부분 사람은 음절 하나하나에 신경 쓰지 않고 습관적으로 말합니다. 입 모양에 따라 달라지는 모음이나, 혀의 위치에 따라 달라지는 자음에 신경쓰지 않고 말하는 것이죠. 그 결과 부정확한 발음으로 인한 의사소통의 장애, 더 나아가 낮은 자존감이라는 심리적 장애까지 겪게 됩니다. 대인관계에서 외모는 첫인상을 좌우하지만, 말은 관계의 질을 좌우할 만큼 큰 부분을 차지합니다. 발음 습관을 교정하는 연습은 의사소통뿐만이 아니라 자존감까지 높여 줍니다. 낭독을 제대로 하기 위해 발음을 연습하지만, 낭독을 넘어 삶의 질을 끌어 올리는 클러치 역할을 합니다.

모음

모음은 입이 벌어지는 정도, 입술 모양, 혀의 위치에 따라 만들어지는 소리입니다. 한국어 모음은 전체 21개이며, 단모음은 10개(ㅏ, ㅓ, ㅗ, ㅜ, ㅡ, ㅣ, ㅔ, ㅐ, ㅚ, ㅟ)이며, 입술이 뾰족하게 앞으로 나온 상태로 유지되는 원순모음(ㅚ, ㅟ, ㅗ, ㅜ)와 평순모음(ㅏ, ㅓ, ㅐ, ㅔ,

ㅡ, ㅣ)으로 나뉩니다. 원순모음이란 둥근 입술에서 나는 소리, 평순모음은 평평한 입술에서 나는 소리입니다. 단모음은 소리의 시작과 끝이 변하지 않는 것이 특징입니다. 복모음은 11개인데 'ㅣ'로 시작하는 모음(ㅑ, ㅕ, ㅛ, ㅠ, ㅒ, ㅖ)과, 'ㅗ'로 시작하는 모음(ㅘ, ㅙ, ㅝ, ㅞ)과 'ㅡ'로 시작하는 'ㅢ'입니다.

모음 발음은 입 벌림과 입술 모양이 결정적이어서, 정확하게 발음하기 위해서는 먼저 정확한 입 모양을 만들어야 합니다. 정확하지 않은 입 모양은 대개 아래턱이 닫혀 있거나, 치아가 입술에 덮여 있습니다. 이런 입 모양은 발음이 정확하지 않을 뿐 아니라, 입 안에서 1차 공명도 일어나지 않습니다. 따라서 입에서 나는 소리가 모이지 않고 흩어지며 앞으로 나가지 못하고 웅얼거리며 맴돌게 됩니다. 입 모양을 정확히 하려면 턱관절 근육과 얼굴 근육이 이완되어야 합니다. 입을 제대로 벌리지 못하는 원인 대부분은 턱관절 근육과 얼굴 근육이 굳어 있기 때문입니다. 얼굴 근육을 이완시키기 위해 "에"라고 발음할 때처럼 입 모양을 만들었다가 "우" 발음할 때의 입 모양으로 바꾸는 동작을 반복해봅니다.

★ 모음 연습 ★

'ㅏ' 모음 연습

① 안도의 한숨을 쉬듯 소리 내지 않고 날숨을 '하~~~~'라고 내쉬

다가, 모음을 붙여 "하~~~~아아아아아"라고 발음합니다. 이때 소리 진동이 명치에서부터 나온다는 느낌을 가져봅니다.

② 억지로 벌리려고 입이 귀 뒤로 딸려가는 모양이 되지 않게 주의합니다. 그렇게 되면 목 근육이 연구개를 죄어 공명을 방해하게 됩니다. 자연스러운 입 모양은 턱관절이 열리면서 위아래 턱이 편안하게 벌어지는 것입니다.

③ 달걀 하나가 들어 있는 느낌의 입 모양이 되게 합니다. 엄지와 검지와 중지를 모아 입에 물 수 있을 크기로 입을 벌립니다. 이때 아래턱과 위턱이 열려야 합니다.

'ㅐ'와 'ㅔ' 모음 연습

'ㅐ'는 엄지와 검지를 포갠 정도의 크기로, 'ㅔ'는 엄지 하나가 들어갈 정도의 크기로 입을 벌린다고 생각하면 좋습니다. 그러니까 'ㅏ'에서 'ㅐ'를 거쳐 'ㅔ'로 입모양이 옆으로 벌어지는 것입니다.

'ㅗ'와 'ㅜ' 모음 연습

입술 모양이 둥글고 뾰족하게 되는 전형적 원순모음들입니다. 입술 모양이 정확하지 않거나, 혀 뒤쪽이 연구개를 막고 있으면 정확한 발음이 되지 않습니다. 그래서 'ㅗ'는 'ㅓ'와 비슷하고, 'ㅜ'는 'ㅡ'와 비슷한 소리가 됩니다. 입술 모양이 만들어지면, 소리를 밖으로 내보낸다고 생각하며 연습합니다.

'긔'와 '귀' 모음 연습

전형적인 원순모음으로서 소리가 처음부터 끝까지 달라지지 않습니다. '긔'는 복모음 '괘'가 되지 않도록, '귀'는 'ㅣ'가 되지 않도록 주의합니다.

'ㅡ'와 'ㅓ' 모음 연습

'ㅡ'는 위아래 치아가 살짝 열린 상태에서 혀가 뒤쪽으로 이동해서 나는 소리이고, 'ㅓ'는 'ㅏ'와 'ㅗ'의 중간 정도 크기로 입을 벌려 내는 소리입니다. 경상도 사람들은 대부분 'ㅡ'를 'ㅓ'로 발음하는 경향이 있습니다.

장모음 연습

눈(雪), 배(倍), 말(言語), 대(大)

자음

자음은 입술과 혀로 공기 진동의 흐름을 막았다가 떼면서 만들어지는 소리입니다. 한글 자음은 기본 14개(ㄱ, ㄴ, ㄷ, ㄹ, ㅁ, ㅂ, ㅅ, ㅇ, ㅈ, ㅊ, ㅋ, ㅌ, ㅍ, ㅎ)이며, 쌍자음 5개(ㄲ, ㄸ, ㅃ, ㅆ, ㅉ)를 포함 총 19개입니다. 한글 기본 자음에는 기역(ㄱ), 니은(ㄴ), 디귿(ㄷ), 리을(ㄹ), 미음(ㅁ), 비읍(ㅂ), 시옷(ㅅ), 이응(ㅇ), 지읒(ㅈ), 치읓(ㅊ), 키읔(ㅋ), 티읕(ㅌ), 피읖(ㅍ), ㅎ(히읗)과 같은 이름을 가지고 있습니다. 이들 이름을 부를 때 'ㄷ, ㅈ, ㅊ, ㅋ, ㅌ, ㅍ, ㅎ'에 '~이, ~은, ~을, ~에'와 같은 조사가 붙으면, 'ㄷ, ㅈ, ㅊ, ㅌ, ㅎ'의 대표음은 'ㅅ'으로, 'ㅋ'은 'ㄱ'으로, 'ㅍ'은 'ㅂ'으로 발음합니다. 즉, 디귿이(디그시), 지읒을(지으슬), 치읓은(치으슨), 키읔에(키으게), 티읕을(티으슬), 피읖은(피으븐), 히읗에(히으세)로 발음합니다.

자음은 혀와 입술로 공기 진동의 흐름을 막아 만드는 소리입니다. 특히 혀를 어느 위치에 두는가에 따라 발음의 정확도가 결정됩니다. 입술을 여닫아서 내는 소리는 대부분 정확히 발음합니다. 자음은 소리를 만드는 위치와 방법에 따라 다음과 같이 구분할 수 있습니다. 먼저 소리 만드는 위치에 따라 양순음(ㅁ, ㅂ, ㅃ, ㅍ), 치조음(ㄷ, ㄸ, ㅅ, ㅆ, ㄴ, ㄹ), 경구개음(ㅈ, ㅉ, ㅊ), 연구개음(ㄱ, ㄲ, ㅋ, ㅇ), 성문음(ㅎ)으로 나뉩니다. 소리 만드는 방법에 따라서는 파열음(ㅂ, ㅃ, ㅍ, ㄷ, ㄸ, ㅌ, ㄱ, ㄲ, ㅋ), 파찰음(ㅈ, ㅉ, ㅊ), 마찰음(ㅅ, ㅆ, ㅎ), 비음(ㄴ, ㅁ, ㅇ), 유음(ㄹ)으로 나뉩니다. 양순음은 위아래 입술을 닫아 내는 소리이고, 치조음은 윗니 뒷부분에 혀끝을 대서 내는 소리이고, 경구개음은 입천장의 빨래판처럼 튀어나온 돌기에 혀끝을 대서 내는 소리이고, 연구개음은 경구개가 끝나는 부드러운 입천장에 혀뿌리를 대서 내는 소리이고, 성문음glottal consonant은 혀뿌리로 목구멍을 막아서 내는 소리입니다. 전통적으로는 초성에 오는 'ㅇ'과 함께 후음guttural sound에 속한다. 유음流音은 'ㄹ'처럼 혀 양쪽으로 소리를 내는 설측음lateral consonant을 가리킵니다.

★ 자음 연습 ★

'ㄱ'이 초성으로 올 때는 무성음 'k'로 소리가 나고, 앞의 음절이 유성음 받침으로 끝나면 유성음 'g'로 소리가 납니다.

'ㅅ'은 혀끝이 정확히 윗니 뒷부분에 붙어야 하며, 윗니 앞에 붙으면 'th'로 발음하게 됩니다.

'ㄹ'은 영어 'r'과 'l'의 두 가지 발음이 가능합니다. 초성으로 올 때는 'r'로 발음해야 하고, '놀라다'처럼 'ㄹㄹ'이 되면 'l'로 발음해야 합니다. 대부분의 한국 사람들이 거울을 가리키는 영어 'mirror'를 '미러'라고 발음하기 보다 '밀러'라고 발음합니다. 아마도 'ㄹㄹ'을 발음하는 습관 때문일 것 같습니다.

'ㄷ, ㅌ'이 받침으로 오면서 뒤에 '이'와 같은 형태소가 오면 구개음화 됩니다. '굳이'가 '구지'로, '밭이'가 '바치'로, '해돋이'가 '해도지'로, '낱낱이'가 '난나치'로 소리 납니다.

'ㅈ'의 음가는 'dz'이며 'z'가 아닙니다. 영어로 'Judy'의 'j' 발음이지, 'Zoo'의 'z' 발음이 아닙니다. '정말'을 '증말'이라고 발음하면 자음과 모음 모두 틀리게 발음하는 것입니다. 사람들이 점점 쉽고 게으른 방식으로 말하려다 보니, 입을 더 크게 벌려야 발음할 수 있는 'ㅓ'와 경구개음을 만들어야 하는 'ㅈ'를 회피한 결과로 보입니다.

초성으로 오는 'ㄱ, ㄷ, ㅅ, ㅈ'을 'ㄲ, ㄸ, ㅆ, ㅉ'로 발음하는 경음화도 주의해야 합니다. 예를 들어 '감방'을 '깜빵'으로, '다른 사람'을 '따른 사람'으로, '사랑'을 '싸랑'으로, '진짜'를 '찐자'로 발음하지 않도록 주의해야 합니다.

★음절 연습★

가 갸 거 겨 고 교 구 규 그 기 괴 귀 개 게
나 냐 너 녀 노 뇨 누 뉴 느 니 뇌 뉘 내 네
다 댜 더 뎌 도 됴 두 듀 드 디 되 뒤 대 데
라 랴 러 려 로 료 루 류 르 리 뢰 뤼 래 레
마 먀 머 며 모 묘 무 뮤 므 미 뫼 뮈 매 메
바 뱌 버 벼 보 뵤 부 뷰 브 비 뵈 뷔 배 베
사 샤 서 셔 소 쇼 수 슈 스 시 쇠 쉬 새 세
아 야 어 여 오 요 우 유 으 이 외 위 애 에
자 쟈 저 져 조 죠 주 쥬 즈 지 죄 쥐 재 제
차 챠 처 쳐 초 쵸 추 츄 츠 치 최 취 채 체
카 캬 커 켜 코 쿄 쿠 큐 크 키 쾨 퀴 캐 케
타 탸 터 텨 토 툐 투 튜 트 티 퇴 튀 태 테
파 퍄 퍼 펴 포 표 푸 퓨 프 피 푀 퓌 패 페
하 햐 허 혀 호 효 후 휴 흐 히 회 휘 해 헤

긴장을 풀어야 소리가 납니다

이완

비폭력 대화 중재 연습에서 긴장을 이완할 때 사용하는 자기 연결 방법을 소개합니다. 자기 연결이란 자기 내부에 의식적인 공간을 만들어 외부의 자극으로부터 시작된 긴장을 이완하는 방법입니다.

① 척추를 자연스럽게 세우고, 의자에 앉아 발을 땅에 붙입니다. 눈은 감아도 좋고 떠도 좋습니다.

② 주의를 호흡에 둡니다. 몸으로 숨이 들어오고 나가는 것을 의식하면서 자연스럽게 숨을 쉽니다. 숨이 들어오는 것을 기다립니다. 그리고 나가는 것을 지켜봅니다.

③ 이제 주의를 몸에 둡니다. 몸에서 어떤 느낌이 느껴지면 판단이나 분석 없이, 느낌 그 자체로 느껴봅니다. 몸이 완전히 이완되고 열린 자세를 취합니다. 주의를 눈에 둡니다. 눈에서 긴장이 느껴지면 긴장을 풀고 이완시켜 봅니다. 얼굴, 목, 어깨, 팔, 손, 손가락 끝, 가슴, 배, 등, 허리, 엉덩이, 다리, 발, 발바닥의 순서로 내려갑니다.

④ 이제는 척추가 길어지고 넓어진다고 상상해봅니다. 발이 아래로 쭉 뻗어 지구 중심까지 내려간다고 상상해봅니다. 머리가 하늘 끝까지 뻗어 올라간다고 상상합니다. 어깨가 중심으로부터 양옆으로 넓어진다고 상상합니다. 몸이 앞과 뒤로 확장된다고 상상합니다.

⑤ 이제는 주의를 배에 둡니다. 호흡에 따라 움직이는 배를 지켜봅니다. 웰빙의 욕구를 생각해봅니다. 생계, 안전, 질서, 이런 욕구가 삶에서 충분히 충족되었던 때를 기억해봅니다. 나는 어디에 있습니까? 누구와 함께 있습니까? 무엇을 하고 있습니까? 그때 그곳의 느낌, 에너지를 느껴보십시오. 잠시 그 상황에 머무릅니다. 이 욕구들이 충분히 충족되었을 때의 기쁨을 느껴보십시오. 충분히 시간을 보내십시오.

⑥ 이제 주의를 가슴에 두고, 호흡과 함께 가슴을 지켜봅니다, 연결의 욕구를 떠올립니다. 공동체, 돌봄, 이해, 이런 욕구가 삶에서 충분히 충족되었을 때를 기억해 봅니다. 나는 어디에 있습니까? 누구와 함께 있습니까? 무엇을 하고 있습니까? 그때 그곳의 느낌, 에너지를 느껴보십시오. 잠시 그 상황에 머무릅니다. 이 욕구들이 충분히 충족되었을 때의 기쁨을 느껴보십시오. 충분히 시간을 보내십시오.

⑦ 이제는 주의를 머리에 둡니다. 호흡과 함께 머리를 지켜봅니

다. 자기표현의 욕구를 생각합니다. 솔직함, 자유, 의미, 이런 욕구들이 삶에서 충분히 충족되었을 때를 기억해봅니다. 나는 어디에 있습니까? 누구와 함께 있습니까? 무엇을 하고 있습니까? 그때 그곳의 느낌, 에너지를 느껴보십시오. 잠시 그 상황에 머무릅니다. 이 욕구들이 충분히 충족되었을 때의 기쁨을 느껴보십시오. 충분히 시간을 보내십시오.

⑧ 주의를 다시 호흡에 둡니다. 몸으로 숨이 들어오고 나가는 것을 의식하면서 자연스럽게 숨을 쉽니다. 숨이 들어오는 것을 기다립니다. 그리고 나가는 것을 지켜봅니다.

⑨ 천천히 현실로 돌아옵니다.

호흡에서 발성으로

호흡 연습을 위해 시실리 베리(Cicely Berry)의 저서 《배우와 목소리》의 〈발성 및 의사전달〉에 나오는 방법 하나를 응용해 소개합니다. 먼저 호흡 작용에 관여하는 대표적 근육은 횡격막, 복부 내부의 근육들, 갈비뼈 사이에 존재하는 근육의 세 가지입니다. 이 연습은 갈비뼈 사이의 근육들을 유연하게 이완하고 신축성 있게 만들어서, 폐가 확장할 수 있는 공간을 더 만드는 것입니다. 그럼으로써 호흡이라는 연료가 소리에 더욱 풍부하게 사용될 수 있도록 준비합니다.

① 의자에 반듯이 앉아 양손을 귀 뒤쪽 머리에 살짝 얹어 놓은 상태에서 양 팔꿈치가 양쪽 방향을 향하게 잘 열어줍니다. 그다음 코로 깊게 공기를 들이마시고 입으로 내뱉습니다. 이 자세는 어깨의 긴장을 유발하므로 세 번 이상 하지 않도록 합니다.

② 위의 자세에서 쉽게 열리던 갈비뼈의 느낌을 유지하려고 하면서, 양팔을 내리고 숫자 10까지 셉니다. 이때 갈비뼈 사이 사이를 공기로 채운다는 느낌으로 코를 통해 깊이 공기를 들이마십니다. 잠시 기다렸다가 5초 동안 입으로 공기를 내보냅니다. 갈비뼈 사이의 근육들이 몸 밖으로 나가는 공기를 통제하는 것을 느껴봅니다. 15초 들이쉬고 5초 내쉬기, 17초 들이쉬고 3초 내쉬기 등 다양한 길이로 호흡해봅니다.

③ 이번에는 횡격막 근육으로 날숨을 쉬어 봅니다. 갈비뼈 아랫부분에 손을 올려놓고 코를 통해 공기가 들어올 때 횡격막이 아래로 내려가는 것을 느낀 후, 횡격막에서 짧은 호흡으로 공기를 내쉽니다. 남아 있는 공기가 빠져나가도록 기다렸다가 다시 횡격막이 내려가면서 공기가 들어오게 합니다. 다시 횡격막에서 짧게 한숨이 터지게 합니다.

④ 위의 과정을 다시 반복하되, 이번에는 횡격막에서 공기가 터져 나갈 때 호흡 대신 진동의 한숨이 스타카토처럼 터져 나가게 합니다. 코로 공기가 들어오고 즉 명치 끝에서 진동이 짧게 터져 나가는 것을 반복합니다. 이때 나가는 진동은 호흡이 섞이지 않은 백 퍼센트 진동이어야 합니다.

⑤ 빠르게 코로 들이쉬고 3초에서 5초에 걸쳐 진동이 횡격막에서 터져 나가게 합니다. "허어- / 허어- / 허어- / 허어어- / 허어어 / 허어 어어- / 허어어어-"에 가까운 소리입니다. 이것을 리듬감 있게 계속 반복합니다. 발성은 횡경막이 아래로 처지면서 몸 깊이 들어온 들 숨을 골반에서부터 위로 마치 한숨을 쉬듯 진동으로 바꾸어 '허어어 어'라는 소리로 내보내면서 시작합니다. 충분히 연습했으면, "허어 어-음/허어어어-음/허어어어어-음ㅁㅁㅁㅁ" 소리를 내봅니다.

읽기 연습의 원리

읽어주세요

김인철

읽어주세요 한 번도 본 적 없던 것처럼

해석의 틀을 내려놓고
그냥 낯설게 대해 주세요
저는 의미 더하기 의미가 아니라
자음 더하기 모음입니다

처음 만났을 때 당황해 쩔쩔매던 것처럼
쌓인 세월 모두 털어버리고
다시 한 번 호기심으로 쳐다봐 주세요
저는 벽에 걸린 정물화가 아니라
비바람 치는 들판의 야생화입니다

기억으로 읽으실 때 저는 없습니다
다시 당신 안에서 기쁨의 등불이 되도록
오늘 처음으로 저를 만나주세요
날줄 하나에 씨줄 하나 베틀에 북 지나가듯
한 번에 한 줄씩 읽어주세요

자음과 모음으로 천천히 읽습니다

발음에 초점을 맞춰 읽습니다. 의미를 생각하지 않고 한 글자 한
글자 읽습니다. 천천히 읽는 것은 단어와 단어, 문장과 문장 사이를

길게 띄우는 것이 아니라, 음장(音長)을 길게 하는 것입니다. 아직 감정 이입에 신경쓸 필요가 없습니다. 아름답고 감동적으로 읽으려는 생각은 일단 접어야 합니다. 많은 사람이 이 초벌 읽기를 힘들어합니다. 글자가 아니라 성경으로 읽으려고 하기 때문입니다. 발음도 하기 전에 벌써 해석이 앞섭니다. 한 음절씩 읽지 않는 것은 약과이고, 아예 한 문장을 통째로 빨리 읽는 경우가 허다합니다. 이 단계에서 천천히 발음에만 신경써야 할 이유는, 첫째로 단어와 문장으로 붙여 읽을 때 실수하지 않기 위해서입니다. 둘째로는. 선입견을 배제하기 위해서입니다. 선입견은 성경 읽은 햇수와 정비례합니다. 익숙한 본문을 익숙한 방식으로 읽으면, 내장된 선입견이 활성화됩니다. 선입견 없이 읽으려면 의식적으로 해석을 거부하고, 감동을 받거나 주려고 하지 말아야 합니다. 그래서 낯선 방식으로 읽어야 하는 것입니다. 두 눈을 부릅뜨고 읽는 것도 도움이 됩니다. 묵독할 때처럼 빨리 읽으면 발음이 정확하게 되지도 않고, 낯설게 읽기도 안됩니다. 그저 눈에 보이는 자음과 모음을 붙여 발음하는 일에 집중할 필요가 있습니다.

사전적 의미로 맛맛하게 읽습니다

액면가face value를 찾으며 읽습니다. 액면가는 화폐에 적힌 숫자입니다. 그것은 매매과정에서 교환가치로 바뀝니다. 성경 읽기에서 액면가는 사전적 의미이고, 해석적 가치는 2차 의미입니다. 액면가를 알아야 경제생활을 할 수 있듯이, 사전적 의미를 알아야 성경 이해의 기초를 놓게 됩니다. 사전적 의미를 찾는 것은 단어의 본래 의미에 집중하는 것입니다. 굳이 사전을 구입할 필요는 없습니다. 일반 상식으로 알고 있는 의미가 사전적 의미입니다. 그러기 위해서는 수사적 표현, 교리적 용어로 읽을 때 주어지는 이차적 의미를 배제해야 합니다. 예컨대 "○○○이라고 쓰고, ○○○이라고 읽는다"와 같은 읽기가 되지 않도록 의식적으로 노력합니다.[5] 이때 앞의 ○○○는 사전적 의미이고, 뒤의 ○○○는 해석적 의미입니다. 성경을 오래 읽어 온 사람일수록 액면가를 제치고 해석적 가치에 천착하는 경향이 있습니다. 그러나 액면가 없이 해석적 가치는 없습니다. 그런데 사전적 의미로 읽는 대표적인 방법은 이미지로 읽는 것입니다. 아직 상징과 은유로 바뀌기 이전의 날 것과 같은 상태로 읽는 것입니다. 사진 촬영에 비유하자면 단어 자체는 원본 이미지 파일raw image file이고, 은유는 보정 후 파일입니다. 보정 후 이미지를 제대로 감상하려면 원본 이미지를 보아야 합니다. 성경에 나오는 이미지를 원래의 모습으로 알아야 하는 이유입니다.

액면가로 읽었다면, 이번에는 속도, 억양, 성량, 강세를 달리해서 읽어 봅니다. 본문이 새로운 모습으로 다가올 것입니다. 아래의 시편 23:1을 다른 방식으로 여러 번 읽어 보면 그 차이를 알 수 있습니

---

5 예를 들면 "회사라고 쓰고 정신병원이라고 읽는다"라는 식이다.

다. 할 수만 있다면 모든 성경 구절을 이런 식으로 읽는 것이 선입견 배제에 큰 도움이 됩니다.

여호와는 나의 목자시니 / 내게 부족함이 없으리로다
여호와는 **나의** 목자시니 / 내게 부족함이 없으리로다
여호와는 나의 **목자시니** / 내게 부족함이 없으리로다
여호와는 나의 목자시니 / **내게** 부족함이 없으리로다
여호와는 나의 목자시니 / 내게 **부족함이** 없으리로다
여호와는 나의 목자시니 / 내게 부족함이 **없으리로다**

맥락으로 담담하게 읽습니다

단어의 조합이 만드는 맥락을 읽습니다. 문장의 해석적 가치를 생각하며 읽는 것입니다. 문장 속 단어들은 사전적 의미보다 넓은 의미로 사용될 때가 많습니다. 수사적 표현이 그렇고, 평행구 단어들이 그렇습니다. 직설적 표현과 은유적 표현이 어우러져 문장이 되고 단락이 됩니다. 사전적 의미를 넘어 해석적 의미에 도달하기 위해, 분석하고 평가하며 읽어야 합니다.

성경 본문의 맥락과 함께 생각할 것이 있습니다. 저자가 살았던 시대의 맥락과 낭독자가 살아온 시대의 맥락입니다. 사람은 자기 시대의 맥락 속에서 생각하기 마련입니다. 예를 들어 성경 시대의 교

육 방법의 하나는 '수치심 자극하기'였습니다. 예언자들이 조롱과 욕설을 사용했던 이유입니다. 예전에는 우리 선조들도 '조리돌림' 같은 방식으로 수치심을 이용했습니다. 명예를 목숨보다 중요하게 여기는 중동 문화권에서는 아직도 활용됩니다. 그러나 현대 서구 문화권에서 그런 방식은 피교육자에게 트라우마를 형성한다는 이유로 금지됩니다. 일반 사회에서는 말할 것도 없고, 가정에서도 자녀에게 수치심을 이용해 교육하는 것은 폭력으로 간주합니다. 또 하나의 예를 들자면 세습을 통해 왕이 권좌에 오르던 성경 시대와, 선거를 통해 대의원과 대통령을 뽑고 서로 견제하게 하는 현대는 맥락이 다르다는 것입니다. 더욱 중요한 것은 개인의 가치입니다. 성경 시대에는 개인이라는 개념 자체가 없었고, 백성은 왕의 소유물이었습니다. 현대 서구 문화권에서는 개인의 자유가 거의 제한 없이 보장됩니다. 고대 세계가 신과 왕을 정점으로 하는 피라미드 구조의 프레임이었다면, 현대 사회는 개인이 중심에 있는 동심원 구조의 프레임입니다. 과거에는 신체와 재산과 사회적 신분이 모두 권위자로부터 받은 선물로 간주하였습니다. 그러나 지금은 신체마저 자신의 자산으로서 관리할 수도 있고 파괴할 수도 있는 대상으로 간주합니다.

성경을 대하는 개인적 맥락은 사람마다 다릅니다. 산업화 시대를 지나며 물질적 풍요를 경험한 사람들과, 민주화 시대를 지나며 인권의 소중함을 경험한 사람들의 맥락이 다릅니다. 그리고 포스트모더니즘 시대를 지나면서 소수자를 위한 정의에 목마른 사람들의 맥락이 다릅니다. 산업화 시대의 맥락은 민주화 시대의 맥락을 수용하기 어렵고, 민주화 시대의 맥락은 소수자를 위한 정의의 맥락에 익숙하지 않습니다. 이처럼 성경 시대의 맥락과 현대의 맥락을 대조할 때, 큰 차이가 있음을 알게 됩니다. 그 차이를 인식하는 만큼 성경의 맥락이 보일 것입니다.

공감으로 소통해며 읽습니다

머리에서 가슴으로 내려와 읽는 단계입니다. 본문에 대한 객관적 이해가 주관적 경험으로 내재화되는 과정입니다. 먼저 글 주인인 저자와의 공감을 시도합니다. 본문에는 문자적인 여백이 있고, 심리적인 행간行間도 있습니다. 눈앞에서 전개되는 스토리나 강론의 중심부에서 한걸음 비켜나 행간에 머물러 봅니다. 왜 그런 소재를 택하고 그런 형식으로 쓰고 있는지, 왜 충분한 정보를 주지 않고 생략하는지(침묵도 메시지입니다),[6] 독자들과 어떤 경험을 공유하고 있는지, 궁극적으로 전달하려는 메시지가 무엇인지 등을 저자에게 물어봅니다. 저자가 선택한 소재와 단어 하나에 이르기까지 의도가 들어 있기 때문입니다. 아울러 현대 독자들이 가지고 있는 이슈에 대해 어떤 답을 줄 수 있는지도 물어봅니다. 이 질문은 고대의 본문이 현대의 맥락에서 어떻게 읽어질 수 있는지에 대한 모색입니다. 물론 이

---

6 예를 들어 창세기 1장의 창조 이야기에서 저자는 의도적으로 신화적 표현을 사용하지 않는다.

모든 질문에 대해 저자가 육성으로 대답할 리가 없습니다. 그러나 그렇게 묻는 과정을 통해 성경을 대하는 자신의 맥락을 객관적으로 볼 수 있고, 원 독자들과 동시대를 살았던 저자의 맥락도 이해할 수 있게 됩니다.

등장인물에 공감하며 읽습니다. 내러티브는 다른 장르에 비해 훨씬 넓고 풍부한 공감대를 제공합니다. 등장인물들의 캐릭터와 사건의 줄거리는 미래 친화적입니다. 많은 경우 내러티브에 등장하는 인물들은 권선징악의 교훈을 위한 전형으로 제시됩니다. 그러나 한가지 목적을 위한 것보다 훨씬 많은 정보가 제공되기도 합니다. 이스라엘의 초대 왕 사울 이야기가 그중 하나입니다. 비록 왕권이 다윗에게 이양될 수밖에 없었던 이유를 보여주고 있기는 하지만, 사무엘 상권은 사울의 활약상을 지나칠 정도로 상세히 소개하고 있습니다. 다윗과의 갈등 이야기 몇 부분만 제외한다면, 그의 영웅적 통치에 대한 일대기 성격이 강합니다. 사무엘 상권은 한 사람을 현실의 왕으로, 또 한 사람은 미래의 왕으로 나란히 묘사합니다. 만약 사무엘 상권의 기록 목적이 단지 왕위가 다윗에게 이양되는 과정을 설명하는 것이라면, 사울의 장렬한 최후 이야기까지 다룰 필요는 없었을 것입니다. 사무엘 상권은 비록 단점이 있었음에도 사울을 위대한 왕으로 묘사합니다. 사무엘 상권에 나오는 사울의 캐릭터는 심리적 측면에서도 큰 공감을 불러일으킵니다. 그는 생애 대부분을 전장에서 보냈을 정도로 용맹한 전사였지만, 아말렉과의 전쟁에서 보여주듯 민심의 이반을 두려워하는 유약함을 보이기도 했습니다. 불운하게 도 자신의 멘토였던 사무엘에게서도 포용과 오래 참음의 리더십을 배우지 못했습니다. 다윗에 대해 편집증적 집착을 보인 것을 제외 하고는, 충신을 죽이고 그의 아내를 범했던 다윗의 사악한 죄는 저 지르지 않았습니다. 그가 다윗에게 왕위 세습을 방해하는 반역자의 프레임을 씌운 것은 고대 세계에서 충분히 있을 수 있는 일이었습니 다. 하나님이 40년의 통치 기간을 허락하신 것을 보아도 그가 하나 님의 평가 기준에서 크게 벗어나지 않았음을 알 수 있습니다. 그가 오래 통치할 수 있었던 데는 유다 지파를 제외한 나머지 열 한 지파 의 전폭적인 지지도 작용했습니다. 그런데도 이분법적 평가 기준을 가지고 있는 현대 신자들에게 사울의 캐릭터는 공감할 점이 별로 없 어 보입니다. 신약성경의 절반 이상과 관계된 사도 바울이, 사도가 된 뒤에도 한동안 사울이라는 이름으로 불렸었다는 사실에 현대 신 자들이 주목하지 못하는 이유이기도 합니다.

예술적으로 표현해며 읽습니다

전달에 초점을 맞춰 읽는 단계입니다. 가장 완성도 높은 전달 방 식은 예술입니다. 성경 읽기가 예술이 되려면, 앞의 네 단계에서 만 들어진 이해와 공감을 바탕으로 감정을 이입해야 합니다. 이것은 매우 까다로우며 섬세한 작업이어서 멘토의 지도가 필요합니다. 모든 종류의 예술과 스포츠 분야처럼, 낭독도 코치의 역할이 중요합니다. 혼자 임의로 감정을 넣어 읽는다면, 완성도를 기대하기 어려울 뿐 아니라 교정하기도 어렵습니다. 멘토의 교정 없이 잘하는 것은 가지 치기 없이 좋은 과일나무가 되는 것과 같습니다. 만약 교정矯正받는 일이 힘들다면, 심리 치료부터 먼저 받는 것이 좋습니다. 그런데 성경낭독에 예술적 요소가 있기는 하지만, 1인극 라디오 드라마나 동화 구연이 아닙니다. 스피치의 원리가 들어 있지만, 뉴스 보도나 시사 해설은 더욱 아닙니다. 성경낭독은 성경 읽기입니다. 읽는 자와 듣는 자들이라는 프레임 속에서, 육성으로 성경을 들려주는 일입니다. 반드시 스피치 전문가나 성우가 해야 할 이유는 없습니다. 성경 필사를 반드시 서예가가 할 이유가 없는 것과 같습니다. 기본 훈련을 받은 사람은 누구나 할 수 있고, 전문가보다 더 개성 있게 잘할 수 있습니다. 극단적으로 말해서 성경을 한 번밖에 읽지 않은 전문직 종사자보다, 성경 100번 읽은 아마추어 낭독자가 낫습니다.

　성경낭독을 할 때 저지르는 실수는 천千의 목소리를 구사하려는 태도입니다. 예를 들어 아브라함의 목소리, 청년 이삭의 목소리, 모세의 목소리를 창조해내려고 합니다. 심지어 하나님이나 천사의 목소리도 창조해내려고 합니다. 한마디로 그런 작업은 필요하지 않습니다. 본문을 충실히 읽으면 자연스럽게 감정 이입이 됩니다. 내가 등장인물이 되는 것이 아니라, 등장인물이 내가 되는 것입니다. 연기 이론으로 치자면 매쏘드 액팅method acting[7]입니다. 그러기 위해서는 자신의 음색을 바꾸지 않으면서 내면의 감정을 표현하면 됩니다. 억양이나 톤만 바꾸어도 완전히 다른 느낌을 줄 수 있습니다. 호흡과 속도 조절까지 덧붙이면 금상첨화입니다. 문제는 감정을 얼마나 통제하는가에 달려 있습니다. 평소 감정을 억제하는 사람은 드러내는 훈련을 해야 하고, 평소 감정 표현이 풍부한 사람은 조절 훈련을 해야 합니다. 상황에 가장 잘 어울리는 감정 표현을 위해서는 평소 주변을 관찰하는 습관이 중요합니다. 일상생활에서 일어나는 일들이나 사람들의 감정 표현을 유심히 관찰할 필요가 있습니다. 감정조절에 어려움을 겪는 사람은 멘토를 통해 긴장 이완 훈련을 받으면 좋습니다. 가장 중요한 것은 저자가 내 입을 통해 말하게 한다는 느낌으로 읽는 것입니다. 예를 들어 요한복음을 낭독할 때는 요한이 내 목소리로 우리 시대 청중에게 자신의 메시지를 전달한다고 생각하면 됩니다. 테크닉이 뛰어나야 전달이 잘 되는 것은 아닙니다. 오히려 성경낭독에서 테크닉이 화려하면 의미 전달이 약해질 수 있고, 자칫 억지스러운 느낌마저 들 수 있습니다. 시편 낭송에 어울리는 음조가 따로 있고, 복음서 낭송에 전형적인 음조가 있지 않습니다. 평소 대화에 사용하는 어조면 자연스럽고 충분합니다.

---

7 극사실주의 연기로 아카데미 남우 주연상을 세 번, 골든 글로브 남우 주연상 두 번 등 세계적인 영화제에서 남우 주연상을 15회 수상한 다니엘 데이 루이스 (Daniel Day-Lewis)가 대표적인 인물이다. 더스틴 호프만, 로버트 드니로, 메릴 스트립, 케빈 스페이시 등도 매쏘드 액팅으로 잘 알려진 배우들이다.

아래에 제시한 도표는 성경낭독 원리에 관한 것입니다. (ⓒ김인철)

3개의 원은 기본적으로 낭독과 관련된 이해, 공감, 전달의 영역을 보여줍니다. 세 원의 중심에 낭독이 표시된 이유입니다. 세 원은 또한 저자, 화자, 청중이 소통하는 요소들이 됩니다. 세 원이 겹치는 부분들은 각 영역이 서로 어떻게 연결되어 있는지 보여줍니다. 예를 들어 이해의 영역은 전달의 영역과 '로고스'를 공유하면서, 공감의 영역과는 '에토스'를 공유하는 식입니다. 여기에 사용된 용어 로고스, 에토스, 파토스는 아리스토텔레스가 수사학에서 설득의 3요소로 제시한 것입니다. 에토스는 말하는 사람의 덕성을, 파토스는 청중과의 공감 능력을, 로고스는 논리적 근거를 의미합니다. 낭독원리에서 로고스는 본문text을, 에토스는 저자와 낭독자의 개인적 맥락context을, 파토스는 예술art의 의미로 사용했습니다. 그리고 그 3요소의 중심에 '마음'이 있습니다. 마음은 또한 저자, 화자, 청중을 연결하는 요소이기도 합니다.

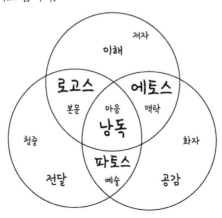

성경낭독은 소통이자 예술입니다

자신과 소통해보십시오.

낭독은 자기 공감이며 자신과의 소통입니다. 자신에게 친숙한 목소리로 하나님의 말씀을 들려주면 몸이 먼저 반응합니다. 호흡이 안정되고 신체 부위에 온기를 느끼거나 통증이 완화되기도 합니다. 몸의 긴장이 이완되면서 마음이 맑아집니다. 하나님의 말씀을 받아들이는 듯이, 자기 모습을 있는 그대로 받아들입니다. 머리에는 창의적인 생각들이 펼쳐지고, 주변에서 일어나는 일들을 편견 없이 살필 수도 있습니다. 하지만 낭독자의 몸과 마음이 긴장되어 있으면 제대로 읽어낼 수 없습니다. 몸과 마음은 연결되어 있기 때문입니다. 그 사실은 신체의 특정한 부위에 일어나는 느낌으로도 알 수 있습니다.

스트레스를 받거나 트라우마에 시달릴 때 가슴이 답답하다든가, 배가 아프다든가, 얼굴 근육이 마비된다든가 하는 현상이 나타납니다. 몸과 마음이 연결되어 있다는 증거입니다. 반대로 마음이 기쁘고 만족스러우면 신체도 최상의 컨디션이 됩니다. 몸과 마음의 조화는 원인과 결과가 아니라 동반 관계입니다. 몸의 긴장을 풀어주면 마음이 안정되고, 마음의 긴장을 풀어주면 몸이 안정됩니다. 낭독을 하기 전 전신의 근육을 풀어주거나 기도로 마음의 긴장을 풀어주어야 하는 이유입니다. 이런 몸과 마음의 조화로운 반응은 낭독자가 낭독에 몰입할 수 있게 도와줍니다. 이것이 말씀을 낭독하는 사람이 자기와 소통하는 방식입니다. 하지만 마음이 닫혀 있고 몸이 긴장 상태에 있는 사람은 자신과 소통할 수 없습니다. 심지어 하나님의 말씀을 눈으로 읽는 동안에도 잡념을 떨치지 못합니다. 몸과 마음을 사용하지 못하다 보니 부정적이고 비판적인 생각을 하기 쉽습니다.

SNS로 이웃과 나누어 보십시오.

지금까지 많은 분들이 가족에게 선물하기 위해 성경을 필사해왔습니다. 아마 66권 성경 필사본 만드는 데 적어도 일 년은 걸릴 것입니다. 그러나 녹음 파일은 무한 복제와 배포를 할 수 있어 한 번 만들면 많은 사람과 동시에 나눌 수 있습니다. 녹음 장치를 통해 오디오 파일을 만들어보십시오. 스마트폰 하나만 가지고도 훌륭한 성경 낭독 파일을 만들 수 있습니다. 성경 한 장을 녹음할 수 있다면 한 권도 할 수 있고 66권 전권도 가능해집니다. 틈날 때마다 성경낭독 파일을 만든다면 언젠가 오디오 성경 라이브러리를 만들 수 있습니다. 이미 크리스천 연예인들이 신앙적 동기에서 성경낭독 파일들을 만들고 있습니다. 예를 들어 개그우먼 이성미 집사는 가족들에게 남기는 유언의 관점에서 신구약 66권 전권의 녹음 파일을 만들었습니다. 가수 최시원도 영상 전문 채널에 성경낭독 파일을 올리고 있습니다. SNS를 통해 가까운 이웃이나 불특정 청취자와 나누어 보십시오. 요즘에는 인공지능AI을 이용해서 손쉽게 성경 66권을 특정한 사람의 목소리로 구현하기도 합니다. 어쩌면 인공지능을 이용해서 특정한 사람의 필체로 신구약 전권을 출력할 수도 있을 것입니다. 하지만 인공지능이 육필 원고나 육성 파일이 주는 감동까지 재현하기는 어렵습니다. 제삼자의 설교, 강의, 낭독 파일이 아니라, 성경낭독은 자기 육성으로 담아낸 하나님 말씀이기에 더욱 뜻깊습니다. 직접 조리한 음식, DIY로 직접 만든 가구, 육필로 쓴 손 편지를 받았을 때처럼 듣는 사람의 마음을 따뜻하게 해줍니다. 어쩌면 하나님의 말씀을 자주 접할 수 없는 사람들에게 더 큰 위로가 될지 모르겠습니다. 평생 종교를 가져본 적이 없는 사람에게 삶의 위기에서 접한 말씀 한마디는 한 줄기 빛이 될 수 있습니다. 시력이 약해져 성경을 예전처럼 잘 읽을 수 없는 분들에게, 낭독자의 맥박이 느껴지는 말씀은 위로 그 이상일 겁니다. 말씀 낭독 파일을 이웃과 나누는 일은 낭독자에게도 영향을 줍니다. 낭독 파일 청취자의 답글이 쌍방향 소통two way communication으로 돌아오기 때문입니다. 낭독자와 청취자의 만남은, 성경낭독을 통해 필연적 관계로 발전합니다. 청취자의 답글은 낭독자의 다음번 낭독에 영향을 줍니다. 반응을 기억하며 읽는 낭독자의 말씀 파일은, 듣는 사람에게 또 한 번의 감동을 선사합니다. 성경 읽기의 목적을 자기 성장에만 두는 사람은 이런 감동을 맛볼 수 없습니다.

모든 사람은 자신만의 음성 지문을 가지고 있습니다. 손가락 지문처럼 음성 지문도 변하지 않지만, 삶의 경험에 따라 깊이가 달라집니다. 마치 한 명의 조각가가 같은 조각품을 만들더라도 연륜에 따라 결과가 달라지는 것과 같습니다. 미켈란젤로의 피에타 조각상이 대표적인 예입니다. 그가 24살에 조각한 바티칸Vatican 피에타와, 75세에 완성한 반디니Bandini의 피에타와, 14년이나 걸려 88세로 죽기 사흘 전까지 매달렸던 론다니니Rondanini의 피에타는 구성과 묘사가 서로 다릅니다. 바티칸 피에타에서 마리아와 그리스도의 이상적인 몸매를 묘사하는 기교의 화려함을 볼 수 있다면, 반디니의 피에타에서는 마리아 외 막달라 마리아와 아리마대 요셉으로 보이는 남자를 통해 슬픔의 여러 모습을 느낄 수 있습니다. 그런데 론다니니의 피에타는 예전과 완전히 다른 모습으로 묘사되었습니다. 마치 그리스도가 마리아를 업고 승천하는 듯 수직으로 서 있습니다. 그리스도의 얼굴과 마리아의 몸은 세부적으로 묘사되지 않아 절제된 슬픔을 보여줍니다. 음성도 이와 마찬가지입니다. 20대 청년의 음성에는 활력과 꿈이, 50대 중년의 음성에는 삶의 복잡다단한 경험이, 80대 노년의 음성에는 절제되고 응축된 사유가 들어 있을 것입니다. 그러므로 자신의 나이 때문에 성경낭독하기를 주저할 필요가 없습니다. 어떤 나이에 낭독을 하든 녹음된 파일에는 삶에 대한 꿈과 시선과 지혜가 담길 것이기 때문입니다.

우리 사회는 가상 현실VR과 증강 현실AR을 넘어, 현실 세계를 가상 공간에서 실현하는 메타버스 시대로 진입했습니다. 사람들은 메타버스를 통해 현실 세계와 가상 세계를 넘나들며 두 개의 삶을 즐길 수 있게 되었습니다. 이런 자기 확장력이 삶의 만족도를 얼마나 높여 줄지는 아직 가늠하기 힘듭니다. 하지만 우리가 원하든 원하지 않든 메타버스의 세계가 우리 삶 속에 더욱 깊숙이 들어올 것은 분명합니다. 어쩌면 사람들은 메타버스의 세계에서 더 마음을 열고 하나님의 말씀을 잘 받아들일지도 모릅니다. 자신의 정체성을 완벽히 감춘 익명의 세계에서 역설적으로 더 경계심 없이 속마음을 드러낼 수 있기 때문입니다. 그런 메타버스의 세계에서도 성경낭독과 낭독 콘서트 등은 강력한 영향력을 발휘할 것입니다.

성경낭독 콘서트를 열어보십시오.

성경낭독은 예술입니다. 준비하고 연습하고 낭독하는 그 자체가 창작 활동입니다. 콘서트를 열어 청중 앞에서 성경을 읽는다면 완벽한 공연예술이 됩니다. 콘서트 당일 낭독자의 정서와 청중들의 반응에 따라 몰입도가 달라지는 라이브 공연입니다. 콘서트 객석에 앉아 있는 청중에 따라 낭독의 결이 달라집니다. 음악회 청중에 따라 연주의 결이 달라지는 것과 같습니다. 녹음 파일과 달리 콘서트는 같은 시간과 공간에서 낭독자와 청중의 교감이 일어납니다. 성경낭독 콘서트는 생명이 없는 활자에 숨결을 불어 넣어 살아 움직이는 말씀이 되게 하는 작업입니다. 마치 창조주가 진흙 덩어리를 빚어 코에 숨결을 불어 넣어 사람을 만드신 것과 같습니다. 콘서트에서 낭독된 하나님의 말씀은 청중의 가슴과 삶에서 살아 움직이게 될 것입니다. 예술가의 삶이 창작 활동으로 고양되듯 낭독자의 삶은 낭독 콘서트를 통해 더 높은 차원으로 올려집니다. 한 번이라도 감동적인 무대를 경험해 본 사람이라면 예전 상태로 돌아갈 수 없습니다. 마찬가지로 콘서트로 성경낭독을 경험한 사람은 예전처럼 생각 없이 읽을 수 없게 됩니다.

함께 성경낭독을 하는 동료와 더불어 작은 콘서트를 기획해 보십시오. 시험공부를 할 때 실력이 자라는 것처럼, 콘서트를 준비하는 과정에서 낭독의 수준이 한 단계 상승할 것입니다. 콘서트의 규모가 꼭 클 필요는 없습니다. 대여 공간을 빌리거나 카페 한 모퉁이에서도 얼마든지 개최할 수 있습니다. 필요하다면 다른 성경낭독 그룹과

콜라보레이션 콘서트를 준비할 수도 있습니다. 콘서트 전 과정을 녹화해서 영상 전문 SNS에 올리면 더욱 좋을 것입니다. 아마도 그 영상은 개인적으로 성경낭독을 하게 하거나, 또 다른 성경낭독 콘서트가 개최되는 효과를 가져올 것입니다.

그런데 콘서트는 예술이며 예술은 모방으로부터 시작됩니다. 낭독을 예술의 차원으로 끌어올리기 위해 배움의 장소를 찾으십시오. 말소리가 들리는 모든 장소를 학교로, 말하는 사람을 모두 스승으로 삼으십시오. 사람들이 어떤 주제에 어떤 감정을 담아 어떤 어조로 말하는지 관찰하십시오. 그리고 일단 그것을 따라 해보십시오. 아마 지금까지와는 다른 방식으로 말할 수 있다는 것을 알게 될 겁니다. 가장 좋은 방법은 유명 앵커의 멘트나 명배우의 대사를 따라 해보는 것입니다. 영혼까지 모방하려 들지는 마십시오. 낭독은 성대모사가 아니며 낭독자가 다른 사람이 될 필요가 없기 때문입니다. 일상에서의 대화도 낭독을 위한 훈련이 되게 하십시오. 성경낭독은 주어진 본문을 목소리에 담아 전달하는 것이므로 정확한 발음에 유의해야 합니다.

습관보다 좋은 친구는 없습니다

규칙적으로 반복되는 행동behavior은 습관habit이 되고 습관은 안정적인 삶의 거주지habitation가 되어 줍니다. 하루의 삶을 마치고 휴식할 거주지가 없다면 일상마저 위협받게 될 것입니다. 마찬가지로 낭독이 습관화되지habituate 않으면 지속하기 어렵습니다. 습관화는 특정한 행동을 규칙적으로 반복하는 과정입니다. 이처럼 낭독 습관은 일정한 분량을 매일 반복해서 읽으므로 형성됩니다. 이때 분량적으로나 시간상으로 전혀 부담을 느끼지 않아야 합니다. 예를 들면 처음에 성경 3~5절을 매일 낭독하는 것이 좋습니다. 시간적 여유가 있다면 더 많이 읽기보다는 같은 내용을 두 세 번 반복해서 읽는 것이 낫습니다. 책을 여러multi 권 읽기보다 여러multum 번 읽는 것이 나은 것과 같은 원리입니다. 낭독은 '깊이 읽기'이기 때문에 같은 본문을 반복해서 읽는 태도가 요구됩니다. 어떤 일을 새로 시작할 때 습관화 과정이 매우 중요합니다. 마치 용광로의 쇳물을 틀에 부은 다음 굳어지기까지 기다려야 하는 것과 같습니다. 낭독을 위한 결심이 쇳물을 녹이는 과정melting과 같다면 일정한 양 혹은 시간을 보내는 것은 주형molding 작업이고, 습관으로 자리를 잡기까지 매일 반복하는 것은 군힘make hard이라고 할 수 있습니다. 황금알을 얻는답시고 거위의 배를 가르는 우를 범할 것이 아니라, 매일 기다림의 시간을 가져야 하는 것과 같습니다.

습관화 과정의 가장 큰 장애는 게으름이 아니라 조바심입니다. 새로운 것을 시도하는 사람은 누구나 기술 향상에 대한 기대를 품습니다. 처음에는 마음먹은 대로 되든 안 되든 즐겁습니다. 테니스, 골프, 요가, 태극권 같은 운동이나, 바이올린, 피아노, 색소폰, 하모니카 같은 악기 연주 무엇이나 마찬가지입니다. 그러나 시간이 흐르면서 실력이 더 나아지지 않고 정체 상태에 머무르면 조바심을 내게 됩니다. 그 과정을 이기지 못하는 사람들은 결국 포기합니다. 성경낭독도 생각보다 쉽지 않습니다. 기본적으로 호흡과 발성 훈련이 뒤따라야 하고, 감정을 실어서 표현하려면 자신의 감정을 다스릴 수 있어야 합니다. 문장 부호가 전혀 없는 성경을 텍스트로 한다면, 끊어 읽을 곳을 직접 표시해야 합니다. 저자의 의도를 살려 읽으려면, 문장과 문단의 구조를 분석할 수 있어야 하고, 수많은 비유와 상징을 이해하기 위해 부지런히 관련 정보를 검색해야 합니다. 무엇보다 힘든 과정은 잘못된 읽기 방식을 교정하는 일입니다. 한 번도 해보지 않았던 취미 활동과 달리 말하기와 읽기는 오랜 세월 이미 고착화 과정을 거쳤습니다. 빈 땅에 집을 짓는 것이 아니라 이미 지어진 집의 뼈대를 놔둔 채 리모델링하는 격입니다. 그런데 많은 사람이 교정받으면서 상처를 받습니다. 아무리 부드럽게 일러주어도 기본적으로 교정이 주는 압박감은 피할 수 없습니다. 만약 낭독 수련자가 감정적 상처가 많은 사람이라면 그 압박감이 몇 배로 작용할 것입니다. 교정을 인격 모독으로 오해하면 안 됩니다. 물론 압박감을 떨쳐 버리는 방법도 있습니다. 실력 향상을 위한 과정의 하나로 교정을 받아들이는 것입니다. 그렇게 하면 압박감은 창조적 긴장이라는 플러스 요소로 작용하게 될 것입니다.

작게 시작해야 멈추지 않습니다

작게 시작하는 이유는 습관을 만들어야 하기 때문입니다. 마치 눈사람을 만들기 전에 작은 눈 뭉치를 만드는 것과 같습니다. 사람의 뇌는 변화를 두려워합니다. 큰 변화를 시도할수록 뇌는 회피 반응으로 일관합니다. 뇌간이 몸을 움츠러들게 하는 것입니다. 이른바 파충류의 뇌라고 부르는 뇌간은 도전 상황에서 도망치거나 죽은 척하기 반응을 주도합니다. 거창한 새해 결심이 대부분 실패하게 되는 이유입니다. 따라서 새로운 일을 시도할 때는 작게 시작해야 합니다. 작은 변화를 시도하면 뇌간이 아니라 대뇌피질이 작동합니다.

인간의 뇌라고 부르는 대뇌피질이 도전 상황에서 우리를 이성적으로 행동하게 하기 때문입니다. 작게 시작한다는 것은 먼저 계획을 작게 세우고 실천에 옮긴다는 의미입니다. '천리 길도 한 걸음부터'라는 속담처럼 스몰 스텝small step 전략입니다. 이 전략에는 작은 보상도 포함됩니다. 작은 계획을 실천에 옮긴 자신을 스스로 보상하는 것입니다. 보상은 최고의 동기부여이고 자부심을 느끼게 합니다. 큰 비용이 들지 않게 자축하는 것도 좋은 방법의 하나입니다.

3주 동안 성경을 조금씩 읽는 연습 기간을 가집니다. 적은 분량을 읽는 이유는 습관을 만들기 위한 것입니다. 가능하다면 하루 중 방해받지 않는 특정 시간대에 읽습니다. 낭독 속도나 성량도 일정해야 습관이 됩니다. 하루 한 장 정도 눈으로 읽고 나서 같은 속도로 다시 소리 내어 읽습니다. 읽은 본문에서 다시 3~5절 정도를 낭독하며 녹음합니다. 이 정도면 20분 이내에 모든 작업을 마칠 수 있을 겁니다. 피로 저항이 오기 전에 마치는 거죠. 시간 여유가 있다면 같은 분량을 한 번 정도 다시 읽으며 녹음할 수는 있습니다. 이렇게 하지 않고 처음부터 많은 분량을 계획하면 중도에 포기할 가능성이 큽니다. 뇌간이 패닉 모드에 돌입하여 몸이 따라주지 않게 되기 때문이죠. 적은 분량을 월요일부터 금요일까지 매일 하는 것이 좋습니다. 쇠를 도가니에서 충분히 녹여야 거푸집에 부을 수 있거나, 물이 팔팔 끓어야 라면을 넣을 수 있는 것과 같습니다. 일주일에 한두 번 생각날 때 연습하는 정도로는 습관을 만들기에 충분하지 않습니다. 어떤 사람이 카네기홀로 가는 길을 물었을 때, "연습입니다practice"라는 대답을 들었다고 합니다. 대답한 사람이 바이올린 연주자 아이작 스턴이었다고도 하고, 피아니스트 아르투르 루빈스타인이었다는 말도 있습니다. 연습의 중요성에 대해 고개가 끄덕여지는 이야기입니다.

연습 기간이 끝나면 한 장 분량의 작은 책부터 시작합니다. 한 장 전체를 읽고 녹음하는 것입니다. 읽는 분량은 한 장이지만 녹음 분량이 몇 배로 늘어납니다. 녹음 시간이 늘어나기 때문에 일주일에 한 장만 읽고 녹음합니다. 이 또한 습관을 위해 특정한 요일을 정하는 것이 좋습니다. 그런데 일주일에 한 장만 읽더라도, 5주에 다섯 권의 녹음 파일을 만들 수 있습니다. 구약성경의 오바댜, 신약성경의 빌레몬서, 요한 2서, 요한 3서, 유다서는 모두 한 장으로 되어 있기 때문입니다. 전체 66권 중 5권의 오디오 바이블이 만들어지는 셈입니다. 이처럼 한 장 분량의 성경 파일을 만들면 성취감을 보상으로 돌려받습니다. 당연히 나머지 성경을 읽고 녹음하는데 도전할 용기를 얻습니다. 한 장 분량의 성경을 모두 마치면, 2~3장 분량의 책을 시도합니다. 구약의 학개, 요엘, 나훔, 하박국, 스바냐, 신약의 데살로니가후서, 디도서, 베드로후서입니다. 어쩌면 이런 성경들은 하루에 다 끝낼 수 없을지도 모릅니다. 그러면 하루를 더 할애해서라도 일주일 안에 마치는 것이 좋습니다. 아마 숙련되면 이틀 동안 4~5

장 분량의 책들도 가능할 겁니다. 구약의 룻기, 예레미야애가, 요나, 말라기, 신약의 빌립보서, 골로새서, 데살로니가전서, 디모데후서, 야고보서, 베드로전서, 요한 1서가 그런 책들입니다. 이런 식으로 작은 분량을 읽고 녹음한다고 해도, 24주에 24권의 책을 완성할 수 있습니다. 권수로만 따져도 전체 성경의 3분의 1 이상이 됩니다.

성경낭독은 성경과 낭독의 조합입니다. 성경낭독의 질을 높인다는 것은 성경에 대한 이해와 공감뿐만 아니라 표현과 전달 능력까지 높인다는 의미입니다. 연습을 통해 낭독의 질이 높아지는 것은 자연스러운 결과입니다. 마치 취미 생활을 시작할 때 서투르지만, 시간이 지나면서 숙달되는 것과 같습니다. 기본기 훈련에 충실하면 취미 생활을 즐길 수 있고 새로 시작하는 다른 사람을 도와줄 수도 있습니다. 성경낭독도 마찬가지입니다. 작게 시작하더라도 기본기 연습에 충실할 필요가 있습니다.

서로 도울 친구가 필요합니다

소그룹 활동의 핵심은 낭독 녹음 파일을 밴드나 단체 카카오톡 방에 매일 올리는 것입니다. 그러면 구성원들은 긍정적인 피드백을 보내고 리더는 칭찬과 함께 교정할 부분을 지적해줍니다. 교정 과제는 다음 날 성경낭독에 반영됩니다. 그렇게 해서 올린 파일에 대해 구성원들과 리더가 다시 피드백을 줍니다. 구성원들은 낭독 경험에서 얻은 정보를 공유하고 정서적 지지를 주고받습니다. 이로써 구성원들의 관계만이 아니라 개인들의 낭독 기술도 발전하게 됩니다. 대면 활동을 못하더라도 줌 같은 앱을 통해 얼마든지 소그룹 활동이 가능합니다. '외로운 늑대는 죽어도 무리는 살아남는다'라는 말이 있습니다. 숙련된 리더가 이끄는 소그룹에는 긍정적 상호작용이 있기 때문입니다. 소그룹에서 채워지지 않는 부분은 일대일 SNS를 해 얼마든지 보충 교육이 가능합니다. 개그우먼 조혜련은 하루 한 장 성경낭독 파일을 일대일 SNS에서 나눕니다. 벌써 16개의 성경낭독 나눔 그룹으로 발전했다고 합니다. 그런데 훈련이라는 용어에 거부감을 가질 필요가 없습니다. 성경낭독은 훈련을 통해 숙달되기 때문입니다. 호흡과 발성, 운율대로 읽기 위해, 성경을 이해하기 위해 훈련이 필요합니다. 훈련의 목표는 이해가 아니라 결과물을 산출하는 것입니다. 훈련 과정은 목표-연습-교정의 반복입니다. 숙달된 낭독자가 되면 새로운 성경낭독 그룹의 리더가 될 수 있습니다. 그때까지는 소그룹에 충분히 머무를 필요가 있습니다.

성경낭독 소그룹이 가진 또 하나의 장점은 공동작업을 통해 성취 감을 얻을 수 있다는 것입니다. 동기부여라는 관점에서 성취감은 커다란 자산이 됩니다. 공동작업의 예를 들자면 일정 규모의 성경낭독 콘서트를 개최하는 것입니다. 각자 맡은 본문을 연습하는 과정에서,

다른 구성원들의 준비하는 모습을 지켜보면서, 콘서트에 참석한 청중들의 피드백을 들으면서 성취감을 얻게 되는 것입니다. 콘서트 개최 말고도 성경 한 권을 나눠 읽는 방식으로 오디오 바이블을 제작할 수도 있습니다. 예를 들어 히브리서나 전도서 같은 성경을 여러 사람이 나눠서 낭독하는 것입니다. 그렇게 만들어진 오디오 바이블을 전도와 양육 목적으로 사용할 수 있습니다. 이런 공동작업을 통해서도 높은 성취감을 얻을 수 있게 됩니다.

삶과 분리되지 않는 성경 읽기

지금 당장 스마트폰 녹음 기능을 켜고, 성경 한 장을 소리 내어 읽으십시오. 오디오 성경 도서관을 만들 거라고 다짐해보십시오. '천리 길도 한 걸음부터'라는 속담처럼 오늘이 바로 그날입니다. 기도하며 성경을 필사한다는 마음으로 녹음에 임하십시오. 매일 성경 한 장 낭독하고 녹음하는 습관을 들이십시오.

생성된 녹음 파일에 제목을 붙인 후 생각나는 지인들에게 보내십시오. "성경낭독을 시작했는데 피드백을 주면 고맙겠다"라는 메시지도 함께 보내십시오. 오래 연락하지 못했던 분에게 보낼수록 연결 효과는 더 강력할 것입니다. 피드백이 당장 오지 않더라도 낙심하지 말고 몇 차례 더 보내보십시오. 하나님의 말씀이 지인의 마음에서 잔잔한 호수의 파문 같게 하십시오. 더 나아가 뜻을 같이하는 지인들과 낭독 파일을 공유하는 SNS 그룹을 만드십시오. 매일 한 장씩 녹음 파일을 공유하고, 서로 피드백으로 격려하십시오. 다른 사람의 낭독에서 배울 점이 무엇인지 찾아보십시오.

읽기 전에 무엇을 어떻게 읽어야 할지 체크하고, 미리 대본을 만드십시오. 본격적으로 녹음하기 전에 대본에 따라 읽는 연습을 하십시오. 성경이 하나님의 말씀이라면 최상의 수준으로 읽을 필요가 있습니다. 실수를 줄이고 장점을 살리는 방법은 반복적인 연습입니다. 꾸준히 연습하면 점점 나아지는 것을 경험할 것입니다. 아는 만큼 보이고 보이는 만큼 읽게 됩니다.

이제는 녹음 파일을 자신에게 들려주십시오. 낭독 기술을 연마하기 위해서가 아니라 말씀을 실천하기 위해서입니다. 머리로 듣지 말고 가슴으로 들어 보십시오. 울림을 주는 단어가 있을 것입니다. 마음과 말씀이 맞닥뜨리는 순간 파동이 일어납니다. 울림을 주는 그 단어가 과거의 어떤 경험과 연결되는지 떠올려 보십시오. 일상에서 이 단어가 내 주변의 누구를 향해 있는지 생각해 봅니다. 단지 종교적인 이유만이 아니라 의미 있는 삶을 위해 이 단어를 삶에 어떻게 적용할 것인지 적어 봅니다. 작은 실천이라도 지속할 수 있는 것이어야 합니다.

하나님의 말씀을 새기고 또 세상에 확산시키기 위해 낭독만큼 강력한 방법이 또 있을까요? 눈으로 읽고 머리로만 이해한 말씀은 금세 잊게 됩니다. 귀로 듣기만 해서 받아들인 말씀도 오래가지 못합니다. 오직 눈과 입과 귀로 읽은 말씀만이 영혼에 새겨집니다. 낭독은 정독이기 때문입니다. 그리고 하나님의 말씀을 세상에 확산시키기 위해 문자 파일을 사용하는 것은 효과적이지 못합니다. 그 파일을 전달하는 사람의 체취를 느낄 수 없기 때문입니다. 하지만 음성 파일에는 낭독자의 체온과 맥박이 담겨 있습니다. 음성 파일을 듣는 사람은 그 체온과 맥박을 통해 하나님의 말씀에 접속합니다. 부모의 기도 소리를 통해 자녀의 영혼이 하나님께 나아가는 것과 같습니다.